夫婦で暮らしたラオス

スローライフの二年間

菊地良一
Kikuchi Ryoichi & Akiko
菊地晶子

めこん

夫婦で暮らしたラオス——スローライフの二年間◉目次

【R】は菊地良一、【A】は菊地晶子が担当。

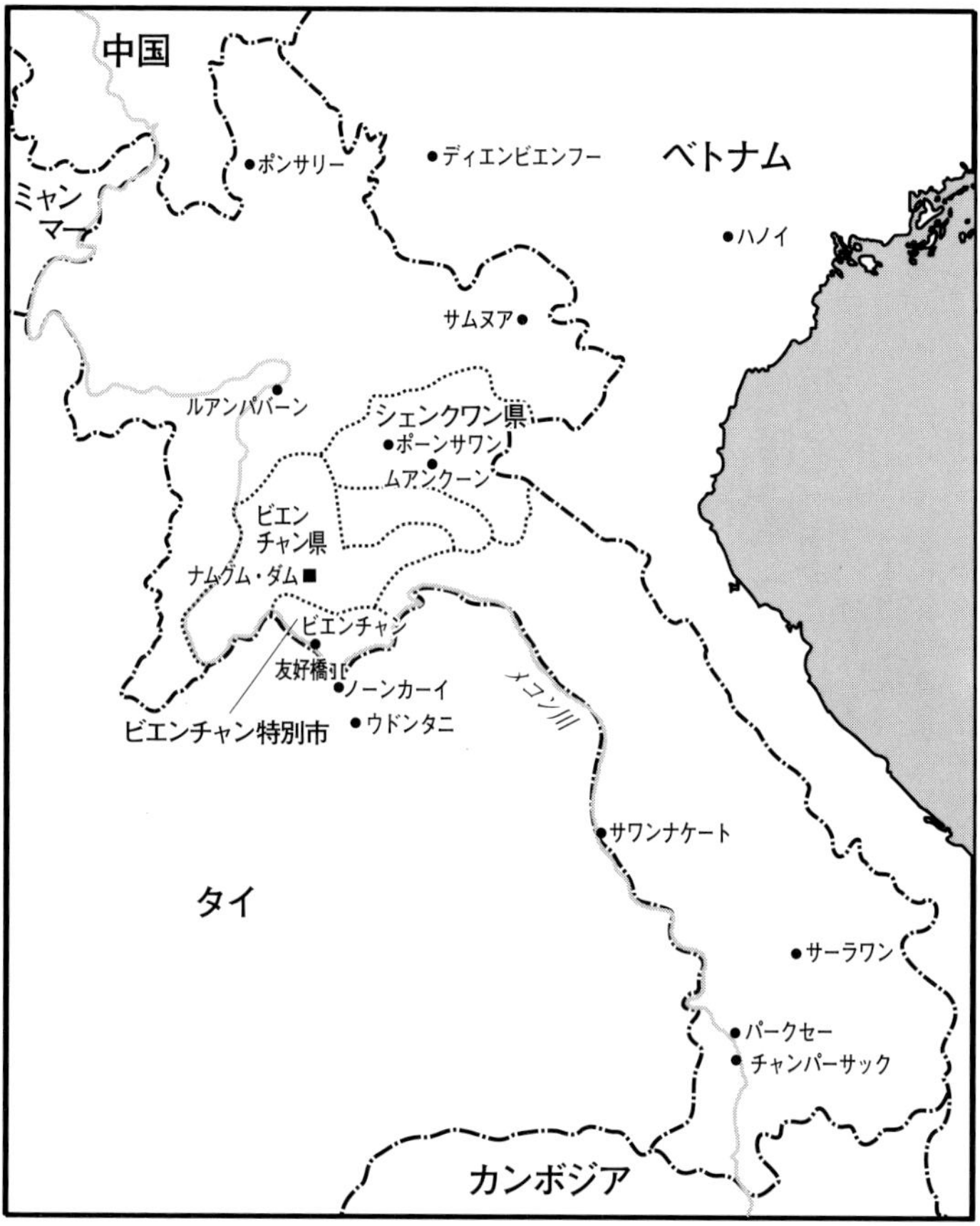
中国
ミャンマー
ポンサリー
ディエンビエンフー
ベトナム
ハノイ
サムヌア
ルアンパバーン
シェンクワン県
ポーンサワン
ムアンクーン
ビエンチャン県
ナムグム・ダム
ビエンチャン
友好橋
ノーンカーイ
ビエンチャン特別市
ウドンタニ
メコン川
サワンナケート
タイ
サーラワン
パークセー
チャンパーサック
カンボジア

ラオス地図

チョンペット寺
シーサタナー
高校
13
12
5
11
4
9
8
3
10
2
7
1
6
タドゥア通り
メコン川

2000年７月　我が家の周辺地図

チョンペット北

1　惣菜屋
2　ソムタム屋一族の家
3　貸し屋（家主ソムタム屋、空き家）
4　ラッキーさんの家
5　菊地

チョンペット南

6　建材屋
（他にガソリンスタンド２、スーパーマッケット１経営の大金持ち）
7　個人タクシー
8　電電公社社宅（５～６家族が住んでいる）
9　ブンペーンさん（我が家の大家さん一族）
10　貸し屋（家主ブンペーンさん、空き家）
11　ビアラオの卸売商
12　ティアさんの家
13　チャンセンさんの家

チョンペット寺
シーサタナー高校
14
5
4
3
2
1
16
13
15
12
11
8
9
10
7
6
タドゥア通り
メコン川

2002年６月　我が家の周辺地図

チョンペット北

1　惣菜屋（下働きの女性を雇用）
2　ソムタム屋一族の家（長女、友好橋に食堂を出す）
3　貸し屋（タイ人の第二婦人が借りた）
4　ラッキーさんの家（ラッキーさん勤めに出る）
5　菊地（夫妻、６月11日帰国）
14　建材屋のガレージ
　（ラッキーさんから土地を購入、ガレージを建てる）
16　建築中（ラッキーさんの弟夫婦、ついに独立）

チョンペット南

6　建材屋
7　個人タクシー（奥さんが水牛の肉の串焼き屋を始める）
8　電電公社社宅
9　ブンペーンさん（敷地内に３件目の家を建てる）
10　貸し屋（相変わらず空き家）
11　ヒアラオの卸（トタン塀をブロック塀に変えた）
12　ティアさんの家
　（ブロック塀、台所改装　ティアさん友好橋に食堂開店）
13　チャンセンさんの家
15　アイスクリーム屋（チャンセンさんの長女夫婦が開店）

第1章

はじめてのビエンチャン

ビエンチャン市街（アヌサワリー屋上からメコン川方向を望む）

赤い街・水の街

皆さんは、「ラオス」という国をご存知でしょうか。「名前は聞いたことがあるけれど、さてどこにあったかな」という方が多いでしょう。「そういえば、フランスが植民地にしていたインドシナ三国のひとつだったかな」、「ベトナム戦争当時、ホーチミン・ルートが通っていて、アメリカ軍が空爆していたな」、「その後内戦が続き、パテト・ラオが革命政権を樹立したんだっけ」、「たしか、九七年アセアンに加盟したんじゃなかったっけ」……。

かくのごとく、同じアジアにありながら、日本人におよそ関心の低い国のひとつが「ラオス」なのです。

バンコクをタイ国際航空で発って一時間弱、はじめて空から見る首都ビエンチャンは、「赤い街」という印象でした。木々の緑を縫って走る道路の色が、赤いのです。

ボクたち七人のＪＩＣＡ（国際協力事業団、現国際協力機構）シニア海外ボランティアがビエンチャン・ワッタイ空港に着いたのは、二〇〇〇年六月一四日（水）でした。

空港の外に出ての第一印象は、むっとする熱帯特有の「空気のにおい」と火炎樹やブーゲンビリヤの「赤」でした。空港からホテルまでクルマで一〇分。その間に、お寺を三軒見かけました。屋根の瓦は赤褐色、建物は赤を中心に原色でおおわれています。

初日から三日間は、ＪＩＣＡ事務所での説明会や大使館、各配属先への表敬訪問で市内を走り回りました。中心部（半径三キロメートルぐらい）の道路は、さすがに舗装されていますが、一歩外へ出れば、そこは赤土の未舗装道路です。郊外へ延びる道路の舗装工事も多く見られ、雨季の水とあいまって収拾がつかない状態です。導入されている機器は少なく、ほとんどが人力に頼っているため、いつ終わるとも知れません。中心部でさえ、補修工事があっちこっちで行なわれ、大きな水溜まりをつくっています。いわんや幹線道路から一歩入れば、赤土の泥んこ道です。

こうした光景を前に、ボクは少年時代の記憶を呼び覚ましました。小学校時代を過ごした仙台市郊外、中学校時代に住んだ神奈川県藤沢市の道路です。今でこそ「農道」に至るまで舗装

赤土のデコボコ道（我が家の前の道）

されている日本の地方都市の道路も、ボクが少年だった昭和二〇年代後半は、ここビエンチャンの道路と同じ状態だったのです。

毎朝ホテルの窓から見える托鉢する僧侶たちのサフラン色の衣、ホテルから一〇〇メートル程離れたメコン川に沈む夕陽に染まる空一面の赤、ビエンチャンはまさに「赤い街」なのです。【R】

夫に遅れること二週間、早朝バンコクから飛行機に乗り込んだ私が窓から見たものは、水、水、水。飛行機が旋回するたびに緑の中にキラキラ光る水でした。「え！　何これ、ビエンチャンって、メコン川が流れているって聞いたけど、湖が沢山あるなんて聞いてないし、家なんか、所々にしかないじゃない。また夫の口車に乗せられちゃったかな」。二年間留守にする家の後始末を押しつけてサッサと赴任した夫が恨めしく思えました。

以前バンコクに住んでいた時お世話になったタイ人たちが昨日私が泊まったエアポート・ホテルに激励に来てくれ、「ラオスは、何にもない所だよ。お母さんが住むには、かわいそうすぎる」、「飛行機で一時間の所なんだから、お母さんだけバンコクに住んで週末にラオスに行ったらいいよ」と口々に言っていたのを思い出しました。

そんな私の思いも知らず、ビエンチャンのワッタイ空港には、二週間で日焼けした夫がニコニコ笑いながら出迎えていました。

「飛行機から見たら、水浸しの街だったわよ」

「ああ、今は田植えの時期だから、田圃に水をはってるんだよ」

「え、それじゃあ田圃しかない所なの」

「ラオスは農業国だって話したでしょ、街からちょっと外れると畑や田圃だよ」

「ちょっとってどれくらい」

「四キロくらいかな」

私たちの日本の家も、住宅街をぬけ四キロくらい歩けば、小さな畑や田圃があります。そんな感覚で納得しました。しかし、それも私の早とちりであることがすぐに判明しました。街からというのは、ビエンチャンの中心、大統領官邸からのことで、東京で言えば国会議事堂から四キロでもう一面の畑や田圃ということだったのです。

一度にショックを与えるといけないと思ったのか、私の到着前日に少し上等なホテルに移った夫の気持ちを考えるとあからさまに不機嫌な顔もできず、翌日からズルズルと家探しに同行しました。

夫の職場が街の中心から一三キロの地点にあるので、どうしても家は六〜八キロの地域になります。そうです、水をはった田圃や用水路、池などが沢山ある地域をグルグル車で走り回ったのです。まさに、水の街ビエンチャンです。【A】

家さがし

着いてすぐしなければならないことのひとつに、これから二年間住む「家さがし」があります。赴任して、はじめての日曜日から始めました。ボクの希望は、家賃が一〇〇〇ドル以内、セキュリティー（安全確保）にすぐれ、三ベッド・ルームと庭がある、といったものでした。

最初に案内してくれたのは、ワンペーンさん（三六歳）。元ラオ国営テレビ・エンジニアの「便利屋さん」です。

タドゥア通り（チナイモーの時計台からビエンチャン方面を望む）［撮影：渡辺和夫］

初日に八軒回りました。彼が用意してあった最初の二軒は小さくて気に入らず、あとの六軒は「飛び込み」でした。タクシーの流しのように街を走っていると、「レンタル・ハウス」の看板が目につき、そこに飛び込むのです。一日おいてあと二軒。どうもしっくり来ません。

次に世話になったのは、ホテルのセールス・マネジャーのソンナリーさん（二八歳）。彼女とは、のべ四日間、一二軒見て回りました。カミさんがやってくる六月末までには、三軒に絞り込んでおこうと必死でした。彼女が案内してくれるレンタル・ハウスは、いいのですが家賃が高いのです。

「レンタル・ハウス」は、街中にあふれています。安定した高額な現金収入につながるからでしょう。まとまったお金が貯まると「レンタル・ハウス」を建て外国人に貸す、というのが流行りのように思えます。家主には、事業家のほかに政府高官が目立ちます。八月末まで借りていたレンタル・カーの持ち主も、教育省の副局長でした。

ここで、ラオスの経済的な側面に触れておきます。国民ひとり当たりのGDPは三二九ドル（二〇〇一年）。隣国タイの七分の一、日本の一〇〇分の一といったところでしょう。

ラオスの経済は、タイ経済に大きく依存しているため、一九九七年からのアジア経済危機の影響を大きく受けました。通貨キープは、タイのバーツ以上に下落し、インフレが進行したのです。九六年一ドル九五四キープだったものが九八年には四三五五キープ、ボクたちが赴任した二〇〇〇年六月には七六〇〇キープ、二年後の二〇〇二年六月には九六〇〇キープです。

政府は九八年、さらなるインフレを食い止めるため、公務員の給与を据え置きました。いまなお月給が、局長級で五〇ドル、一般で二〇〜三〇ドルといわれています。

インフレに強い資産は、不動産、貴金属、そして外貨です。レンタル・ハウス建築ブームは、外貨収入が得られる確実な投資物件を早く手にしたいという人々の想いの表れでしょう。こうした経済状況の中で、レンタル料はきわめて良質な現金収入となるわけです。

七月に入り最後に案内を頼んだのは、「佐古商店」を経営する日本人のSさんでした。レンタル・ハウス、ドライバー、メイド、ガードマンの斡旋をはじめ、「頼まれたことは、何でもする」という頼もしい方です。その日カミさんも一緒に三軒回ったうちの三軒目が、初日にワンペーンさんと飛び込んだ六軒の内の一軒でした。ボクたちの希望も、ほぼ満たしています。

「よし、ここに決めた！」

二五軒目にしてようやく決まった「レンタル・ハウス」でした。【R】

契約交渉

七月二日（日）午後、契約交渉に臨む前に、飛び込みで見つけたワンペーンさんと家主から仲介を頼まれていたSさんとの話し合いがありました。結果は、「先に見せたのは私だ」という主張が通り、ワンペーンさんが仲介権をとりました。「半々にすると、責任の所在があいまいになる」とSさんがいさぎよく降りたのです。

Sさんが帰り、入れてもらいたい家具などの点検をしたあと、いよいよ次は家賃交渉です。ワンペーンさんからの提示額は八〇〇ドル、Sさんからは一〇〇〇ドルだったのです。

家主のブンペーンさん（五二歳）は、土建業を営んでいます。筋向かいの奥まったところに住み、ラン・クルやピックアップ・トラックなどクルマを何台も持っているお金持ちです。

「借りたがっている」というボクたちの気持ちを見透かした家主のブンペーンさんは、強気で

家主のブンペーンさん夫妻（右は、筆者）

した。困り果てたワンペーンさんを前にして、一〇〇〇ドルを譲りません。交渉は、暗礁に乗り上げました。

　強気なブンペーンさんにも、弱身がありました。実は、一年余り前に建てたこのレンタル・ハウスには、今まで借り手がいなかったのです。ボクたちが、いわば初代の借家人なのです。

　キッチンにガスレンジさえ入っていないのに気づき、それを知っていたボクたちは、日本語で作戦を練り直しました。

「よし、一〇〇〇ドル出そう。その代わり、家具の充実を要望しよう」

　この案を示したところ、家主のブンペーンさんは、すぐOKしました。彼が知っている英語は、OKとトモローだけです。ちなみに交渉は、英語を達者にしゃべるワンペーンさんの通訳ですすんでいます。

次に、もうひとつ難関がひかえていました。家賃は、一年分前払いだというのです。そういう商慣習があることは知っていました。信用取引が一切ないラオスでは、「現金」がすべてです。ブンペーンさんは、ここでまとまった現金を手に入れ、次なる事業展開を考えているのでしょう。

この件は、翌日現金で半年分の六〇〇〇ドルを支払うことでけりがつきました。

六日後の七月七日に入居、それまでに要望した家具などは入れておくという約束で交渉は成立したのです。

別れ際、ブンペーンさんとワンペーンさんが、ニコニコしながら握手している姿が印象的でした。【R】

村の我が家

ボクたちのレンタル・ハウスは、タドゥア通り七キロメートルのチョンペット村（バーン・チョンペット）にあります。

2年間住んだレンタルハウス［撮影：大森房子］

ラオスの行政区分は日本とちょっと違っていて、県の下にはムアン、ムアンの下にはバーンしかありません。ムアンが郡あるいは市にあたるので、バーンは町か村ということになりますが、「村」と訳していることが多いので、チョンペット村としておきます。

チョンペット村何番地という地番もあるのでしょうが、日常的な郵便配達制度のないビエンチャンではあまり用をなさず、大統領官邸（基点）から何キロメートルと表示するのが一般的です。例えば日本大使公邸は、タドゥア通り四キロメートル、ボクの職場「農業普及庁」は、タドゥア通り一三キロメートルといった具合です。

幹線タドゥア通りから五〇メートルほど入った我が家のまわりには、中流階級の人々が住んでいます。それは、レンガ積みの上にセメントを塗って建てた家が多く、伝統的な木造高床式の家が見当たらないことから窺えます。

我が家の立地環境は、JICA事務所や大使館が「こんなところには、住んではいけない」と勧告している条件を満たしています。家の前と後ろには、池があります。病害虫の発生の可能性があります。東隣は、空き地です。賊が、いつ塀を乗り越えて入るかわかりません。その先は寺で、その向かいは高校です。不特定多数の出入りが多いというわけです。しかも、まわりに日本人は住んでいません。

これらに気づいたのはあとのことで、初めからボクたちは、せっかくラオスに住むからにはラオス人の中で生活したいと願っていたのです。

では、我が家の間取りを簡単にご紹介しましょう。

立派な門扉を入るとすぐ左横に、こじんまりした門番小屋があります。そのまままっすぐ進んだ突き当たりに勝手口。入って左側に書斎（一〇畳）、突き当たりがキッチン（一五畳）、その右側がダイニング（一〇畳）です。そこから階段を七段上ると中二階風にリビング（三〇畳）があります。庭に面したリビングの扉を開けると広いベランダがひろがります。あとでわかったことですが、このリビングの扉が日本の玄関に当たるのです。正式のお客さまは、勝手口横の大きな階段を上り、直接リビングへご案内するのです。

二階には、ベッド・ルーム（それぞれ一二畳）が三つと、ボクたちが「意味のない空間」と呼んでいたスペース（二〇畳）があります。このスペースが何のためにあるのかは、最後まで分かりませんでした。

庭は広く、真ん中に花壇、ベランダから向かって左端に大きな椰子の木があり、実をたわわにつけています。そのほかに、パパイヤの若木が三〇本。マンゴーの若木も一〇本。最後まで名前がわからなかった、一年中深紅の花をつけている木が三本。その他にも南国特有の木々が植え込まれています。日本では考えられないほど大きな家です。

七月七日（金）の午前中に日本から運んだ家財荷物を入れ、ビエンチャンでの生活が始まりました。

ボーペンニャン

「ボーペンニャン」という言葉を初めて耳にしたのは、引っ越しの日のことでした。

家主のブンペーンさんが、しきりに「ボーペンニャン、ボーペンニャン」と口にするのです。それまでにも耳にはしていたのでしょうが、意識にのぼらなかったのです。

その日、引っ越し荷物を入れたあと、お願いしてあった家具が入っているかどうかをブンペ

ジョイさんに付き添われお寺に向かう筆者
「ありがとう」と言うと「ボーペンニャン」という答えが返ってくる

ーンさんと一緒に見て回りました。案の定、間に合わなかった物がたくさんあるのです。

例えば、キッチンに頼んでおいたガスレンジ、洗濯機、大型冷蔵庫は入っていましたが、電子レンジが見当たりません。

「電子レンジはどうしました」

「ボーペンニャン、ノーンカーイ（メコン川対岸のタイの町）へ行って買ってくる」

「いつ？」

「トモロー」（実際は、一週間後でした）

「あれ、電気掃除機もないじゃない」

「ボーペンニャン、ウチで使っているのを持ってくる。すぐ、新しいのを買ってくるから」（結局、二年間使いました）

ラオスには、電化製品を作る工場がありません。「工業がないに等しい」と言ってもいいでしょう。したがって、洗濯機、冷蔵庫など電化製品をはじめカメラ、フィルム、ビデオ・テープにいたるまで、すべて外国（主に、タイ、中国）からの輸入に頼っています。勿論、価格は高めです。電子レンジ、パソコン、ビデオ・カメラなど電子機器となると、一番近いタイの町ノーンカイまで行かないと手に入りません。

ボーペンニャンに話を戻しますと、主寝室の小型ソファーや書斎の本棚の場合は、こういう具合です。

「ボーペンニャン、これから家具屋へ一緒に行って、あなたの好きなのを選べばいい」

ブンペーンさんのクルマで家具屋を三軒回り、やっと見つけました。

遅刻をとがめても、「ボーペンニャン」。食器を割っても、「ボーペンニャン」。敢えて日本語に訳せば、「問題ない」、「どうってことない」、「気にしない」という意味になるのでしょう。

ところが一方、花束をもらい「どうもありがとう」と言うと、「ボーペンニャン」。知らない道を案内してもらい「どうもありがとう」の次に、「ボーペンニャン」とくるのです。

この場合は、「どういたしまして」でしょうか。

「ボーペンニャン」という言葉には、状況に応じて幅広い意味がこめられています。それは、相手の気持ちの動きに配慮するラオス人のやさしい心根の表れなのかもしれません。

ボクたちは、二年間でたくさんの「ボーペンニャン」に出会ったのです。【R】

我が家の助っ人たち

「家さがし」と同時進行で進めなければならないのが「助っ人さがし」、つまりドライバー、メイド、ガードマンの雇用です。

最初に契約したのは、ドライバーのスーカンさん（三八歳）でした。着いて一〇日目の面接の場面をよく覚えています。

ボクは、八時〜一八時の（月）〜（土）勤務で月給一〇〇ドル（相場です）を提示しました。一応了承して、次に時間外や休日手当ての額に話が進んだ時です。

「あのう、時間外手当はいりません。休日も出勤します。その代わり、一五〇ドルいただけませんか」

結果的には、スーカンさんの勝ちでした。ボクたちはいい歳で、夜遊びで遅くなることもなく、（土）（日）にしても遅く来て、早く帰れる二年間だったのです。

彼は、根からのクルマ好きで「メカ」にも強く、朝夕のチェック、洗車、手入れもまるで自分の愛車のような扱いぶりでした。性格は、温厚、誠実で常に安全運転を心がけてくれます。

また、日常英会話以上の英語力があり、ご近所のラオス人との通訳をさえ務めてくれました。

中心部のクワデーン市場で魚を売って働いている奥さんと、長男（一六歳）、長女（一二歳）、次

我が家の助っ人たち。左から、ジョイさん、筆者、ウンさん、ノイさん、スーカンさん

女（六歳）の五人家族です。

次に決まったのは、メイドのノイさん（二七歳）です。その前の四年間、日本から単身赴任で来ていた商社マンのメイドをしていて、日本食もつくれるといいます。八時〜一七時の（月）〜（土）勤務。仕事は掃除、洗濯、アイロン、食事は昼食だけ作るという内容で契約しました。月給は、高めの一二〇ドルです。

少し気の強いところがあるものの、いたって正直、素直、真面目で、我が家の助っ人のリーダー格でした。離婚して引き取った娘さん（七歳）と両親、妹、弟二人の七人家族です。

三番目は、ガードマンのウンさん（四二歳）です。ウンさんはその前三年間、作物栽培のＪＩＣＡ専門家Ｉ氏宅でガードマンを務めていたためか、「野菜づくり」が大好きで、上手なのです。その特技がその後、我が家にとって思わぬよい結果を生むことになります。性格は、文字通り誠実、温厚でかげ日向なくよく働きます。庭の手入れと夜警が仕事で、一七時~七時の連日勤務、月給は一一〇ドルです。長男は結婚して独立しており、奥さんと電気専門学校に通う次男、娘二人の家族です。

その後半月ほどたって、安全確保を万全にしようと昼間のガードマンも頼むことにしました。ウンさんの長男ジョイさん（二二歳）です。この仕事ははじめてでしたが、父親ウンさんの薫陶を受け、野菜づくりにもめきめき腕をあげました。彼の特技は、「椰子の木登り」です。なんと素手で登るのです。我が家を訪れた日本人客に新鮮な椰子ジュースを提供し、その都度大喜びされました。勤務は、七時~一七時、月給は九〇ドルです。女の赤ちゃんがいて、自転車で四〇分かかる奥さんの実家に同居しています。

ボクたちの村の生活は、この四人の助っ人に支えられて始まったのです。【R】

カオ・パンサー（入安居）

レンタル・ハウスでの生活が始まって一週間余り経った土曜日、朝から村全体がザワザワしていました。隣の寺に至る我が家の前の道には、赤、青、緑の旗が電柱に括り付けられていました。物見高いボクは、「原因は、寺にあるようだ」と思い、ひとりで寺へ足を運びました。

境内では僧侶たちが、なにかの準備に余念がありません。突然、ひとりの僧侶が片言の英語で話しかけてきました。

「あんたは、なに人かね」

「日本人です」

「ほう、いつ来たんだね」

「つい、一週間ほど前です」

「どこに住んでるんだ」

「ほら、そこ、お寺の隣です」

「ほう、それじゃあ、あす朝来なさい」

かっぷくはいいものの、ボクと同じように軽い感じの僧侶でした。

帰宅してカミさんに話したところ、「面白そうだ。行ってみましょう。ところで何があるの」、「さあ」といった会話を交わしたあと、メイドのノイさんとドライバーのスーカンさんにきいたところ、二人はちょっと困ったような顔をしました。「知られてしまったか」という感じです。

翌日は、年に一度の「カオ・パンサー」（入安居《いりあんご》）だったのです。上座仏教（小乗仏教）の教えでは、雨季の盛りの三ヵ月間、僧侶は寺にこもり修行をするのが決まりです。この御こもりに入る日が「カオ・パンサー」で、村で最大の行事です。

私たちは、街に走りました。寺の行事にはしきたりがあり、手ぶらというわけにはいかないのです。御こもりの間僧侶が使う石鹸、歯磨き、缶詰などの日用品を黄色いバケツにつめた供物セット、花、蠟燭、線香を買い揃えました。

翌朝七時、ノイさんが炊いてきてくれたカオニャオ（蒸したもち米、ラオス人の主食）をティップカオ（ふたつきの丸籠）に入れ、二〇ドルの喜捨を懐に寺へと向かいました。広い講堂は、村人たちで一杯です。女性は、皆きれいに化粧をし、絹の民族衣装に身をかためています。人ごみ越しに壇上を覗くと、九人の僧侶を後ろに従え、真ん中にひとりデンと座っているのは、きのう話しかけてきた軽くて気のいい僧侶ではありませんか。そう、彼はこの寺の住職だったのです。向こうも私たちに気がついて、さかんに手招きしています。作法もわからないままに住職の前に正座し、供物と喜捨を捧げると、聖水をふりかけ祝福のお経を唱えてくれました。

ひとわたり終わったところで住職は、前に控えている檀家総代の長老にパッと目配せすると、持っていたマイクを渡しました。長老はやおら立ち上がり、集まっている村人たちになにやら演説を始めました。もちろんラオス語ですから、私たちに話の内容はわかりません。しかし、

子どもたちの手首に聖糸を結ぶ住職スペライ師

話しながら何回も私たちを指差しているところから、話題は私たちのことで、あえて意訳すれば次のような内容だったかと思われます。

「この二人は、日本人だ。見てのとおりいい歳だ。最近、寺の隣に住み始めた。住職ともどうやら友達らしい。皆の衆、見知っておくように」

話が終わって私たちは、神妙に頭を下げました。この時私たちは思いました。

「どうやらこれで、村人の一員として受け入れられたらしい。これで、私たちのセキュリティーは確保された。この村にいる限り、命を奪われることはない」

このようにして、私たちの村の生活は始まったのです。【R】

第2章

村の生活——その一

地鎮祭にも僧侶を招く

ワット・チョンペット(チョンペット寺)

引っ越した日の翌朝四時、「ドシン、ドシン」というただならぬ音で目を覚ましたことを今でもよく覚えています。まるで地面の底から沸きあがるような音で、寝ぼけ眼のせいか何が起きているのかわかりませんでした。実は、寺で叩いている太鼓の音だったのです。あとでわかったことですが、太鼓の片面が破れていて、叩くと「ドーン、ドーン」とは響かず「ドシン、ドシン」になってしまうのです。

ラオスのカレンダーには、満月、新月、上弦、下弦のひと月に四日間、ボクたちが「坊さんマーク」と呼んでいた印がついています。この日は午前四時に太鼓を叩き、鐘をつくのです。普段の日の朝は、六時に鐘をつきます。托鉢の合図です。

慣れるにつれて気にならなくなり、朝六時の鐘の音がボクの目覚まし時計代わりになりました。

チョンペット村は、北と南に分かれているほどの大きな村です。ちょうど我が家の前の通りが境目で、我が家は北チョンペット、お向かいは南チョンペットとなります。その大きさは、カオ・パンサーなど寺の行事に集まる人の多さからも窺えます。したがって、村の生活の中心とも言えるワット・チョンペットも大きな寺です。

山門を入るとすぐ左手に、「チナイモー」の彫刻があります。「チナイモー」とは巨大なバッタで、その昔、村人に危害を加えた鬼（老婆）を退治した伝説上の主人公です。その様子が、「絵解き」のように展示されているのです。その後「チナイモー」は、チョンペット村一帯の地名となりました。日本でいえば「大字」にあたり、ビエンチャン市民は「チナイモーの軍学校」とか「チナイモーの浄水場」と呼びます。

「チナイモー」の隣は、高さ三〇メートル程の黄金色の「仏塔」です。寺の象徴とも言えるこの仏塔は、村の至る所から見えます。勿論、我が家の庭の借景です。

仏塔の下のお堂には、「仏足跡」がまつられています。仏足跡とは、釈迦が訪れた際残した足跡と言われるもので、信仰の対象です。もしかすると、この金箔に覆われた仏足跡が、寺の本尊かもしれません。

正面は、「講堂」です。寺の行事や日々のお参りは、講堂で行なわれます。

その右隣が、「本堂」です。二階建てで、なぜか階下は建設途中で、二階が得度式などに際し戒律を授ける「戒壇堂」となっています。

本堂の裏手には、長さ二〇メートル、高さ五メートルもある「寝釈迦」が安置されています。ボクが知っている限りでは、ラオスで一番大きな寝釈迦です。村人は、寺での行事の帰りには、ここにも蠟燭に灯を点し、花、供物を供えます。

僧侶が寝起きする「僧坊」や「鐘鼓堂」は、まわりに配置されています。

ワット・チョンペットには、二二七の戒律を守る二〇歳以上の僧侶が一三人、一〇の戒律を守る少年僧が二一人います。住職は、スラペイ師（六二歳）です。

師は、見知らぬボクに気軽に話しかけてきたり、新しい鐘鼓堂の新築工事に先頭に立って当たるなど積極性を備えた方です。「やり手」と言ってもいいのかもしれません。しかも、ボクたちが帰国する一週間前に、アメリカ在住のラオス人（六一ページ「内戦の後遺症」参照）に招かれて半年間渡米されましたから、相当高位な僧侶かと思われます。

ラオ人の九〇％は、仏教徒です。日本の仏教とは異なり、スリランカ伝来の上座仏教（小乗仏教）です。僧侶は戒律を守り、修行生活を送ります。「戒律」のため、働いてお金を稼ぐことはできません。すべての生活は、村人からの「寄進」で支えられています。食物は朝の「托鉢」で得、食事は朝の七時と一一時、一日に二回と決められています。午後から翌日の朝食まで、飲み物以外口にすることはできません。煙草は、喫ってもいいようです。

村人も、上座仏教の教え「輪廻転生《りんねてんしょう》」を信じる敬虔な仏教徒です。折々の行事や儀式には必ず参列し、「坊さんマークの日」の朝のお参りも欠かしません。その上家庭内の揉めごと、仕事上の悩みなど生活上の問題は何でもお寺へ相談に行きます。勿論、「問題が解決した」といってはまたお寺です。村の生活はお寺が中心で、しかも仏教の「暦」にのっとって進んでいるとさえ言えそうです。ボクたちも、お寺の隣に居を構えたのも何かの縁と思い、お寺の行事にはできる限り参列しました。【R】

モーニングコーヒー

午前六時、ワット・チョンペットの鐘の音と鳥の鳴き声で目を覚ましたあと、台所でラオ・コーヒーを淹れて飲むのがボクの日課でした。コーヒー・ミルで豆をガラガラ挽いているうちに、意識がはっきりしてくるのです。

コーヒーは、ラオスの輸出産品です。南部のボーラベン高原で産出し、ヨーロッパやシンガポールを中心に輸出され、衣料品、木材、電気に次いで輸出製品の第四位につけていることは、余り知られていません（九九年）。ビエンチャンでも産出地名の「パクソーン」という銘柄のアラビカ・コーヒーが、五〇〇グラム入り一袋一万八〇〇〇キープ（約二ドル）で手に入ります。「コロンビア」に似て、甘い酸味のあるおいしいコーヒーです。

コーヒー・カップを手に、ベランダの椅子に座ります。早朝の光の中で、ワット・チョンペットの黄金の仏塔がシルエットになって浮かんでいます。あたりは、まだ静かです。我が家のベランダは、見事な借景に満ちています。裏側の池には鴨の親子が住みつき、そのまわりには大きなバナナと椰子の木が繁っています。バナナや椰子の木を背景に写真を撮ると、まるで熱帯のジャングルで撮ったように写ります。

六時三〇分を過ぎると、我が家の裏側の池を越えた道を、托鉢を終えて寺に戻る僧侶の姿が遠くに見えます。我が家の前の通りの家々は、なぜか朝の寄進をしないのです。したがって、托鉢僧は通りません。その代わり、僧侶の朝食の世話をするお年寄りの女性が、ひとり、二人と寺に向かいます。きっと、毎朝の当番が決まっているのでしょう。

大家のブンペーンさん宅に寄宿している親戚の若者が、前の池のほとりに黒い山羊を一匹つなぎに現れます。この山羊は、同じところに夕方までつながれています。

ラオスでは、羊を見かけることはありませんでした。もっぱら、山羊です。職場に向かう国道を群れで横切ったり、空き地で群れている山羊はよく見かけます。きっと、乳を採ったり、

池のほとりに繋がれた「黒い山羊」

食用にするのでしょう。

お向かいのティアさんの長男坊が、箒でベランダを掃いています。彼はもう中学三年生なのですが、家の手伝いをよくします。後日、ティアさんが、友好橋（ビエンチャン郊外のタドゥアとタイのノーンカーイを結ぶ橋）に食堂を開くようになった時、朝早くバイクで市場へ行き、材料の野菜を家まで運ぶのも彼の日課でした。

右隣のラッキーさんの長女ホップさん（七歳）が、鶏の世話を始めます。餌を入れたボールを片手に鶏小屋をあけ、庭に放ち、餌を与えたあと卵を採って帰ります。敗戦直後の食糧難時代、我が家でも鶏を二〇羽ほど飼っていました。長男だったボクが世話をする係で、当時のボクが彼女の姿に重なります。

七時近くになると、バイクの音が響き始め、朝の静寂が乱されます。寺の前にあるシーサタナー高校に通う生徒たちです。月曜日と金曜日には、青い制服を着た生徒が目立ちます。青年同盟の制服です。ラオス人民革命党の機関である青年同盟には、一五歳以上の成績と品行のよい生徒が選ばれ、高校生時代にはタート・ルアン祭りやボート・レースの時の警備を担当します。いわば、ラオス社会のエリート候補生です。

七時すぎに、カミさんから朝食を告げる声がかかり、朝の至福のひと時が終わります。【R】

マダムの買い物

ビエンチャンには、日本のようなスーパーマーケットはありません。中心街に乾麺、味噌などの数種類の日本食や、隣国タイからの輸入品を売る小さなコンビニのようなお店が数軒あるだけです。

ここでは、生鮮食料品は扱っていないので、野菜、肉、魚などはタラートと呼ばれる市場まで買いに行きます。魚を買いに行く時は、竹で編んだ手つきの籠にフタバガキの樹液を塗って水が漏らないようにした入れ物を持って行きます。そこに、ナマズやテラピアなどメコン川で捕れた魚を活きたまま入れて持ち帰ります。

鶏屋さん（屋台の下の籠に出番を待つ鶏が待っている、トンカンカム市場）

ナマズはメンチにして、香草と卵をいれてまるめ、市場で買ったドークチャイという黄色の花に詰めて煮ます。この花は苦みがあって食べ慣れるとクセになります。ドークチャイが手に入らない時はキャベツの葉で巻きます。ラオス版ロール・キャベツといったところです。

テラピアはお腹に香草を詰めて炭火で塩焼きにします。

南ラオスで捕れるメコンの大ナマズも売っています。これはあまりに大きいので一匹買いなどはしません。「二切れちょうだい」とおばさんに声をかけると、包丁で切れ目を入れ骨の部分はノミでたたいて輪切りにしてくれます。

海の魚が食べたい時は、わが家から車で二〇分くらいの佐古商店まで行きます。ここには、週一回タイから鮭や鯵、海老やイカなどの海産物、ス

魚屋さん（メコン川で獲れた魚が多い、トンカンカム市場）

ライスした牛肉や豚肉、タイ産のさつま揚げやちくわ等のおでんの種が入荷するのです。どれも冷凍品ですが、私たちにはありがたい存在です。

ラオス全土で日本人は子供まで含めて三五〇人位しか住んでいないので、商売になるのか心配する時もあるのですが、時どき韓国人の姿も見かけますから結構売れているのかも知れません。

野菜は市場でも買いますが、我が家の庭の花壇を菜園に代え、オクラ、きゅうり、キャベツ、小松菜などを植えています。果物はバナナをはじめ、マンゴー、椰子の実などが実り、パパイアは一年中ほとんど毎日収穫でき、食卓にのぼります。

裏庭にカボチャを植えてみました。蔓を空に向け勢いよく育つのですが、いっこうに実をつける気配がありません。作物栽培の専門家に相談すると、わが家のカボチャは水と肥料がたっぷり与えられ、とても快適にすごしている状態だそうです。水や肥料が足りなくなって、「これは危ない、子孫を残さなくては」とカボチャが感じたら実をつけるでしょうと言われました。

「すべての欲望」を満足させてしまうと、植物も動物も次への発展、飛躍を考えなくなってしまうのでしょうか。ある日とうとうカボチャは実をつけないまま撤去されていました。

それを見て、「日本にいる孫も、わが家のカボチャのようにならなきゃいいけど」と感傷にひたっていたら、「実はだめだったけど、蔓は食べたじゃありませんか、お昼のお汁の実がそうだったんですよ」とノイさんに言われてしまいました。

そして二日後、ジョイさんの奥さんから、カボチャの中身をくりぬいてココナツミルクのプディングを詰めた手作りのお菓子が届きました。【A】

ジャガ芋が消えた日

朝九時一五分、ビエンチャンで一番大きな生鮮食料品の市場「トンカンカム」に出発します。市場では、豚肉や牛肉は大雑把に解体され板の上にじかに置かれています。鶏肉やアヒルは一羽丸ごと。これも屋台の上に置かれ、蠅がとまると売り手のおばさんが手で追い払っています。

行き付けの八百屋さん（トンカンカム市場）

野菜類は時々バケツの水をかけられて、元気なふりをしています。冷蔵庫が完備された商店とは違い、買物は朝早いうちが勝負なのです。私もできるだけ早く買物に出かけたいのですが、夫を職場に送った車が我が家に帰ってきてから出発するので、どうしても九時を過ぎてしまいます。

お店のおばさんたちはもう一仕事終わったあとで、野菜に囲まれてラーメンを食べていたり、売り上げの勘定をしたりしています。それにもめげず、少しでも新鮮な物を買うべく、ぬかるんだ道をサンダルゲタで歩きまわります。

そんなある日のこと、今晩のおかずは肉じゃがにしようとジャガ芋を買いに出かけました。でも、顔馴染みになったお店には今日はジャガ芋がありません。しかたがないので、他のお店をのぞいてみましたが、どこもジャガ芋を置いてありません。

トンカンカム市場には、私がよく利用するレタス、小さな大根、白菜などが小綺麗に台に並べられた間口一・五メートル位のお店が五～六軒あります。お店といっても隣との仕切りがあるわけではなく、野菜と店主が同じ台の上に乗っかっているのです。

その場所から少し離れた所には、地面に敷いた板の上に野菜を置いたお店が並んでいる一画や、葉物は扱わずジャガ芋やかぼちゃ、たまねぎなどが無造作に積まれたお店のある区画もあります。

しかし、今日はどの区画に行ってもジャガ芋がありません。どうしたことでしょう。一緒に出かけたノイさんは、「ないんだから、他のおかずにしたら」と平然としています。日本のスーパーマーケットや八百屋さんからいっせいにジャガ芋が消えるなんて、考えられないことです。

「いつもかならず売っているジャガ芋がないなんておかしい。ほかの市場にはあるかもしれないから、行ってみる」と意地と好奇心が半分ずつの私は、このあと二つの市場を巡りました。

結果は、ビエンチャン中の市場から本当にジャガ芋が忽然と消えていたのです。昼食に帰ってきた夫に話すと「計画生産なんかしてないいんじゃない。家も隣もそのまた隣も同時に植えて同時に収穫するんだよ。時期をずらして収穫できるようにすれば、生産者も儲かるだろうに」と言います。

そういえば、中心街に向かうタドゥア通りにたまに出没するすいか売りは、大型トラック一杯のすいかを空き地に下ろし、全部なくなるまで何日もお店を開いています。家族皆で売りに来ている様子で、赤ちゃんまで一緒です。すいかの山の側に簡易ベッドまで持ち込んでいます。一軒お店が出ると、たちまち数軒の店があちらこちらで開店です。「こんなに暑い中、一度に採らないで毎日少しずつ収穫して売りに来ればいいのに」と思います。しかし私の心配をよそに、すいかの山は徐々に小さくなり、一週間位たつとすいか売りの家族は消えていきました。

冬にきゅうりやトマトがあるのが当然、夏にみかんを食べてもおかしいと思わない生活に慣らされた私の方が変な人なんでしょう。「なければ、ある物を食べれば良い」、「沢山売っていれば、皆が食べられる」というノイさんの言うことが本当なんでしょう。【A】

ノイさんの料理

ラオスでは、外国人のほとんどは昼食に自宅に帰ります。ラオス人の間では外食の習慣があまりないので、手軽に食べられる食堂の数が少ないのです。

夫も毎日お昼ご飯を食べに家に戻ってきます。結婚して三〇数年、土日以外に夫の昼食を作

料理上手なノイさん（手前にあるのは、もち米を蒸すラオス式セイロ）

った経験のない私は、お昼ご飯を作ってくれるノイさんに感謝しています。それに、ラオスの家庭料理を味わうにはうってつけの機会です。

ノイさんは、庭になっているパパイアの青い実に縦に切れ目を入れてごぼうのささがきのようにしたものと、マナオ（すだちのような柑橘類）の搾り汁やピーナッツ、砂糖、唐辛子、魚醬などを合わせて鉢に入れ、すりこぎでたたくように混ぜ合わせるタムマークフン（タイではソムタムとよばれているパパイアサラダ）やケーンノーマイと言われる竹の子のスープなど、典型的なラオス料理を作ってくれます。

ある日、道端の小さな市場で掘りたての立派な竹の子を売っているのを見つけた私は、「今夜は竹の子ご飯を作ろう」と買い込みました。唐辛子を入れたお米のとぎ汁で茹で、小さく刻んで、お醬油で煮たのですが、これがえぐくて食べられたものではなかったのです。

明くる日ノイさんに話したところ、「竹の子は五回も六回も水を換えながら茹でないと苦いのよ。今度私が茹でてあげるから」と言われてしまいました。見た目が同じだからといって、すべて日本の物と同じではないのです。

台所で国際交流をしているうちに、ノイさんはきゅうりとワカメの酢の物や肉じゃがなどを自分のものにしてしまいました。タイに行ったついでに、タイ語で書かれたカラー写真付きの日本料理と西洋料理の本を買ってきてあげてからは、ますます張り切り、仕事の合間に台所のテーブルに本をひろげて熱心に読んでいます。戸棚にしまってある日本産の小麦粉と片栗粉を出してきて、「どう違うのか」と質問してきたこともあります。

しばらくすると、天ぷらやスペアリブのオーブン焼きまで作るようになりました。ただ、いくら言っても天ぷらにソースが付いてくるのには閉口しました。タイ語の料理の本に「ソースでも美味しい」と書いてあるのでしょうか。

時々不満はあるけれど、料理自慢だけあって、ノイさんの料理は総じて美味しいのです。しかし、油と砂糖を大量に使った料理が多すぎます。私が教えたコロッケやミートソースにまで、いつのまにか砂糖を使っているのです。

でも、一年中気温の高いラオスでは、味付けの濃い甘味と酸味のきいた料理は美味しく感じられます。ある日の昼食の献立は、油で揚げたテラピアに香草とケチャップと砂糖で作ったタレを付けたものと、ヤムサラットというノンオイルのドレッシングがかかったサラダでした。でもノンオイルだからと安心はできません。マナオの搾り汁にゆで卵の黄身と砂糖をたっぷり使ったドレッシングなんです。そして、その他に、毎回味噌汁かスープなどの汁物とタイ産の日本米で炊いたご飯か、ラオス人の主食のもち米を蒸したカオニャオ、そしてデザートに果物が付くのです。

これが三食続いたら、六〇を過ぎた夫の身体に良いはずはありません。そこで、私たちは昼食を正餐と位置付け、ノイさんにすべて任せることに決めました。

朝と夜は、長年食べ慣れたものを私が作り、軽く食べることにしたのです。これは異国の台所に慣れていない私にとっても歓迎できることでしたし、ノイさんにとっても昼食に思い切り腕をふるえるという合理的なシステムでした。【A】

マダムの料理

朝食はトーストとハムエッグ、生野菜と、ノイさんの出勤前に簡単に済ませます。簡単といってても日本のようにはいきません。ラオスでは水道の水を直接飲むことはできません。浄水場の水質は飲料水として一応合格なのですが、そこから各家庭までの水道管が問題らしいのです。あちこちでひび割れをおこしていたりして、家庭に届くまでには雑菌ウヨウヨの水に変わっているのです。ビエンチャンでは、どの家でも二〇リットル入りの飲料水を買い、それを使っています。

私たちの村にも週二回飲料水の配達車が回ってきます。どの家もベランダに空になったポリタンクを置いて配達を待っています。水の値段は一つ二〇〇〇キープです。我が家は台所に三つ、門番小屋に一つ常時おいてあります。

水の入ったポリタンクは、そのままでは重くて持ち上げられないので、金属でできた専用の台に乗せます。これは全部金属でできたブランコのような作りで、人が乗る部分にポリタンクがスッポリ入るようにできています。水を汲む時は水を入れる容器をポリタンクの口の部分に持っていき、ポリタンクの乗っている部分を傾けると水が出る仕組みです。

水道水は飲んではいけない水なので、生野菜は水道の水で泥を落としてからもう一度ポリタ

高菜に似た「パッカードン」を売る馴染みのおばさん（トンカンカム市場）

ンク入りの飲料水で洗って食べなければなりません。気休めとは思いますが、ノイさんもやっていることなので私も真似をしています。

朝食もたいへんですが、夕食がもっと問題です。タイからの輸入食品を扱っている佐古商店から買った冷凍の鮭や鰯の塩焼きなど、内陸国ラオスではとれない海の魚は大ご馳走です。普段は市場で買う鶏肉の水炊きや豚肉の生姜焼きなどです。野菜は庭で栽培したはつか大根の酢の物やこれも庭で採れたオクラの塩茹でやオクラ納豆などです。市場で売っているパッカードンという漬物は、日本の高菜漬けと同じ味です。これを軽く塩出しして煮干しと一緒に油で炒め、醤油で軽く味付けしたラオ風高菜炒めが我が家の常備菜です。

街で見つけた絹ごし豆腐の冷奴も食卓にのぼります。ラオスの市場には、日本のものと形も味もそっくりなお豆腐が売っています。これをそのまま冷ややっこで食べる人たちもいますが、暑い市場に長いあいだ置かれ、バケツの水を時々かけられているのを見ると、生で食べる気は失せます。

そこで、私はゴーヤチャンプルーや煎り豆腐にする時は市場の四角い豆腐を使い、生で食べる時は街なかのお店でお鍋に入った湯気が出ている豆腐を買います。お店のおばさんに「一つちょうだい、蜜はいらないから」と言うと、スプーンですくったお豆腐をビニールの袋に詰めてくれます。そうです。このお豆腐は、ホカホカのあたたかいうちに蜜をかけて食べるラオスのおやつなんです。でもこれを冷やして、ネギとオカカを散らし、お醤油で食べると、まさに絹ごし豆腐なのです。柔らかすぎてスプーンですくって食べなければならず、情緒に欠けますが、私たちは結構気に入っていました。

ご飯は、普段は佐古商店から買うタイ産の日本米ですが、夫か私のどちらかが体調を崩した時は、二階の日本食専用の冷蔵庫にしまってある日本産のお米で炊いたご飯です。このご飯の上に日本から持ってきた海苔に醤油をたっぷり付けたのをのせて作った海苔弁当を食べると、夫はたいがい元気を取り戻します。【A】

マダムの誕生日

七月二八日は、カミさんの五六歳の誕生日でした。朝、赤いバラの花を一〇本プレゼントしながらメイドのノイさんが言います。

「マダム、きょうの午後、ワット・シームアンへお参りに行くべきです」

ドライバーのスーカンさんも追い打ちをかけます。

「ワット・シームアンは、ビエンチャンで一番ご利益のある寺です。ビエンチャンの市民は、誕生日などお祝い事があると必ずお参りに行くのです」

出勤した職場でも、同じことを言われました。

「マダムの誕生日ですか。午後は仕事もないし、ワット・シームアンに行かれたらいいですよ」

では、みんなが薦めるワット・シームアンとはどんなお寺なのでしょうか。

ワット・シームアンの名前は、ルアンパバーンからビエンチャンに遷都したセタティラート王がこの寺を建立しようとした時の故事に由来します。一五六三年、王はこの地にビエンチャンの守護神をまつる寺の建立を決め、重い聖なる石柱を埋める大きな穴を掘らせました。同時に、神への生贄となる人柱も必要としていたのです。その時自ら人身御供となって穴に飛び込んだのが、シーという名の若い妊婦でした。この伝説から「シームアン」（シーの街）と名付け

放生（ほうじょう）の鳥を放つマダム（ワット・シームアン）

られ、今なおビエンチャン市内の寺院では最も多くの参拝客を集めていると言われます。

ワット・シームアンの場所は、ビエンチャンの街の南の入り口に当たります。門前で、花、蠟燭、線香をもとめ、本堂でお参りします。

本尊の後ろには、「市の柱」があります。お参りの作法の先生は、ノイさんです。花、蠟燭、線香をお盆にのせ、お盆の上に蠟燭を点します。次に線香に火をつけ、花と一緒に両手にはさみ、祈りを捧げます。ボクたちは、家族の健康を祈りました。それが終わると別室で僧侶の聖水と祈りを受け、両手に片方ずつ白い糸（聖糸）を巻いてもらいます。その時空いている方の手で、片手拝みをします。

境内に出ると一〇歳前後の少女たちが、鳥籠を売りに来ます。「なんだろう」と思っていると、ノイさんもスーカンさんも盛んに「買え、買え」と薦めます。「放生《ほうじょう》」です。仏教の不殺生の思想に基づき、捕らえられた生き物を放ち、徳を積むのです。カミさんもひと籠買い、中の小鳥を放ち、徳を積みました。

あとになって考えれば、この日は午前中に「バーシー」を行ない、夜はご近所を招いて「ラオ式パーティー」をすべきだったのでしょう。しかし、当時まだ事情がわからなかったボクたちは、夜フレンチ・レストランの赤ワインで乾杯をしただけでした。【R】

爆弾事件続発

「爆弾事件」のことは、日本を出る前から知っていました。日本の新聞が伝えていたのです。二〇〇〇年四月五日の朝日新聞朝刊は、次のように伝えています。

「ラオスの国営パテト・ラオ通信などによると、ビエンチャン中心部の観光客向けレストランで先月三〇日夜に爆弾が爆発し、英国人やドイツ人旅行者を含む約一〇人が負傷した。捜査当局は『テロリストの手投げ弾による襲撃』とみて捜査を進めている。一九六〇年代の内戦時代に米国の支援を受けてラオス愛国戦線と戦ったモン族反政府ゲリラが活動を再開したといわれており、今回の事件との関連を調べているという」

外国に住む場合、その国の治安状態と医療体制を事前に調べておく必要があります。生命にかかわる問題だからです。

ビエンチャン市内の爆弾事件は、ボクが着任した六月一四日までにタラート・サオ（五月二八日）やバス・ターミナル（六月六日）などで五件起きていました。日本の外務省も「危険度一・注意喚起」（当時）を出していることも知っていました。しかし、恐怖感はありませんでした。「現場に遭遇する確率は少ない」と思ったからです。

着任後の七月三一日、中央郵便局で爆弾事件があり、一七名が重軽傷を負いました。この時はじめて「危ないな」と感じました。少なくとも週に一回、ボクかカミさんが私書箱をのぞきに中央郵便局へ足を運ぶからです。そして心から「危なかった」と感じたのは、一一月九日午前九時四〇分頃に起きたワッタイ空港・国内線ターミナルホールの爆弾事件です。この時は、少なくとも五名の負傷者のうち一名が死亡しています。

実はその日、ボクは午後二時すぎにルアンパバーンから飛来する友人の出迎えに事件現場に行ったのです。珍しいことにこの事件の情報は早く流れ、ラオ国営テレビの専門家W氏からの電話で午前中のうちに知っていました。おっかなびっくり現場に行ってみると、驚いたことに「事件」の痕跡は何もありません。爆風で何かが壊れているというわけでもなく、負傷者の血の跡もありません。ターミナルには、出迎えの人々と空港職員がいつものようにのんびりしています。まるで、狐にだまされたような気分でした。

日本ですと、「事件」の発生はテレビや新聞で知ります。この国では、職場の同僚や我が家の助っ人たちによる「くちコミ」です。翌日には、事件のあらましがわかります。特に我が家のドライバー、スーカンさんからの情報が早くて正確です。きっと奥さんが街のクワデーン市場で魚を売って働いているせいでしょう。

一方テレビは、ラオ国営テレビだけです。党や政府の宣伝機関と位置付けられているため、ニュースの時間も党や政府の会議か要人の動向、援助国との会議や調印式などが大部分を占め、いわゆる「社会ネタ」、「発生ネタ」はありません。社会主義体制を標榜する国家の政策的なものでしょうが、機材や要員も不足しているのです。

新聞も、日刊紙『パサーソン』、『ビエンチャン・マイ』など数紙とボクたちでも読める英字新聞『ビエンチャン・タイムス』（毎週火・金曜日発行）がありますが、位置付けはラオ国営テレビと同じ党や政府の宣伝機関です。

情報が一番早いのは、ＪＩＣＡ事務所が発行する「注意喚起」のペーパーでしょう。事件発生の翌日には、黄色い紙が各自のメール・ボックスに配られます。ただし、毎日事務所へ行くわけではありませんから、正確な情報を得るのは遅れがちとなります。

続発した「爆弾事件」は、二〇〇一年一月二四日、友好橋で起きた事件を最後になりをひそめました。爆発前に未然に発見された事件を含めると、二〇〇〇年三月から約二〇件です。

では誰が、何の目的で「爆弾事件」を起こしたのでしょうか。犯行組織や目的等は、今もってわかっていません。巷間ささやかれているのは、冒頭の新聞記事にもあった「モン族反政府ゲリラ」による犯行説です。

では「モン族反政府ゲリラ」とは、どういう人々なのでしょうか。それを説明するには、ラオスがたどった「現代史」をひも解かなければなりません。かいつまんでお話しします。【R】

内戦の後遺症

第二次大戦後ラオスは、苦難に満ちた歴史をたどります。

話を一挙に「第一次インドシナ戦争」の終結を告げた一九五四年から始めます。第一次インドシナ戦争とは、フランスの植民地だったベトナム、カンボジア、ラオスが独立を勝ち取るために戦った戦争です。五四年五月、ボー・グエン・ザップの率いるベトナム軍がディエンビエンフーの戦いに勝利し、七月に平和条約（第一次ジュネーブ協定）が締結される運びとなるのです。

ラオスでは四九年七月、フランス連合内での自治が許されルアンパバーン王がラオスを代表することになりますが、これを不満とする「パテト・ラオ（ラオス愛国戦線）」（当時は「自由ラオス戦線」、五六年に「ラオス愛国戦線」となる）はゲリラ戦に入り、フランス軍、ラオス王国政府軍と対抗します。五〇年八月パテト・ラオは、ラオス北部のサムヌア省に臨時抗戦政府を樹立し、ポンサリー省とともに解放区として確保、活動の拠点とします。このことがディエンビエンフーの戦いの勝利に大きく寄与したと言われます。

五四年のジュネーブ協定のラオス条項は、外国軍（ベトナム人民軍、フランス軍）の撤退、パテト・ラオ軍の北部二省集結、総選挙による統一などラオスの中立化が定められました。しかしアメリカだけが調印せず、東南アジア条約機構（SEATO）を発足させ、王国政府への軍事援助を始めます。

ジュネーブ協定から三年五ヵ月経った五七年一一月、王国政府（右派）とパテト・ラオ（左派）の合意により第一次連合政府が成立しますが、混乱は続き、五八年八月再び内戦が始まります。これ以降、中立派を加えた三派の対立と不信は激しさを増し、内戦には東西両陣営の対立が影を落とし、ベトナム統一問題も絡み、「代理戦争」の様相を見せ始めます。

こうした動きの中で六二年、三派による停戦が成り、第二次連合政府が成立、七月にはラオスの中立を定めた第二次ジュネーブ協定が締結されます。今回はアメリカも調印します。

しかしその前年の六一年、アメリカ大統領ケネディは、四〇〇人の技術工作隊（後の特殊部隊グリーン・ベレー）をひそかにラオスへ送り込んでいたのです。山岳地帯での戦闘に強い「モン族」を訓練し、パテト・ラオや北ベトナム軍と戦わせるのが目的でした。米兵の地上部隊の消耗を軽減させるための「身替わり部隊」の養成を図ったのです。

ラオスのモン族は、一九世紀のはじめに中国南部から移住してきたと言われます。ラオスは多民族国家で、人口の多くを占めるラオ族を含め六八民族（政府発表は四九民族）が居住していますが、モン族は総人口の六・九％（二〇〇〇年）で最大の少数民族と言えます。山岳地帯で焼畑農業を営み、ケシを栽培し阿片を作って売ることでよく知られていました。彼らも右派と左派に分かれており、右派のモン族がＣＩＡの直接指揮下に入り、王国政府軍と協力してパテト・ラオと戦ったのです。

アメリカの介入は、いわば「秘密の戦争」でした。六二年の「ジュネーブ協定」で米・ソ・仏など外国勢力は、インドシナに介入しないとの約束を交わしていたからです。

一方、六三年には米軍の直接介入により、ベトナム戦争が本格化します。ラオスでも六四年には米軍による解放区への爆撃が始まり、六五年二月以降の「北爆」（北ベトナム爆撃）開始に伴い、パテト・ラオの拠点「北部」とホーチミン・ルートが通る「南部」を中心に激しい爆撃が七三年まで続きます。いわゆる「ベトナム戦争」は、ベトナムではなく「ラオスが主舞台であった」とさえ言えます。米軍はラオスに約二一〇万トンの爆弾を投下しました。その量は、第二次世界大戦中、米軍が欧州と太平洋戦線の両方に投下したトン数に匹敵します。北ベトナムへの爆弾投下量は約一〇〇万トンです。

この間ラオスでは、右派と左派とが国内を二分し、一進一退の攻防戦が展開されます。ベトナム戦争の激化とカンボジア内戦の拡大のなかで、六八年五月からパリで「ベトナム和平会談」が始まります。七三年一月、米軍撤退を主な内容とする「パリ協定」を受けて、ラオスでは七四年四月に第三次連合政府が誕生します。この協定ではパテト・ラオの主張が大幅に取り入れられ、一年八ヵ月後に発足する「ラオス人民民主共和国」への一里塚となったのです。

七五年四月、カンボジアでは解放勢力の「プノンペン入城」、ベトナムでは「サイゴン陥落」と続き、ラオスでは六月にパテト・ラオがラオス全土を制圧し（ビエンチャン入城は八月）、一二月に「ラオス人民民主共和国」が成立しました。

この時期、「モン族の悲劇」が起きたのです。アメリカから武器と資金を与えられ、「代理戦争」を戦ったモン族兵士とその家族への北ベトナム軍やパテト・ラオからの報復です。米軍が逃げ帰ったあと、彼らは置き去りにされました。彼らを待っていたのは、戦死、餓死、処刑、溺死、政治再教育でした。彼らの多くは、メコン川を渡りタイの難民収容所へ逃げ込み、その後アメリカへ渡りました。その数は、五万人とも一〇万人とも言われています。そして、内戦によるモン族の死者は約二〇万人と推定されています。

その後、一部のモン族は再び山岳地帯に拠って反政府ゲリラ活動を行なうようになり、アメリカやタイにいるモン族がそれを支援していると言われています。

二〇〇〇年は、ラオス政府にとって建国二五周年に当たる年でした。建国記念日の一二月二日には、盛大な式典・パレードがタート・ルアン広場で開かれました。この年の三月から続いた「爆弾事件」がモン族反政府ゲリラによるものではないかと巷間ささやかれていた背景には、このような歴史があったのです。【R】

電話代

はじめての電話代の請求書を手にした時は、本当にびっくりしました。三六二万九九一〇キープ、米ドルに換算して約四五〇ドルです。ラオスと日本の間の国際電話代は、一分間で二万九三五キープ、約二・五ドルです。着任早々で家族との連絡など日本へ電話をする機会が多かったもので、知らず知らずのうちにこんな高額となってしまったのです。

ラオスの通貨はキープ（Kip）です。最高額紙幣は五〇〇〇キープで、以下二〇〇〇キープ、一〇〇〇キープ、五〇〇キープ、一〇〇キープと五種類あります（二〇〇二年六月、一万キープ札と二万キープ札が発行された）。コインはありません。ラオスで流通しているお金の約六割は米・ドルで、タイ・バーツとキープが各二割程度と言われます。他の支払いや買い物では、キープよりもドルが喜ばれるのですが、電話代、電気代、水道代など公共料金はキープで支払わなければなりません。

支払いの日、ドライバーのスーカンさんの手引きでタラート・サオ（朝市）の周辺にいる闇両替屋さんに四五〇ドルをキープに替えてもらいました。少しでも高めのレートで両替しようというスーカンさんの配慮です。

中心街にあるピンポーン・マーケット（小型のスーパー・マーケット）で銀行のレートよりも少し高めで簡単に両替してくれることがわかったのは、しばらくあとになってのことでした。両替屋さんは、ボクたちのクルマに乗り込んできました。五〇〇〇キープ札だけで揃わなかったせいか、すごい量です。三〇センチ程の札束が、四つも五つもあるのです。それを、日本で昔生ゴミの袋に使っていた黒いビニール袋に入れて渡してくれるのです。余りの量の多さに、いちいち数えてチェックすることは不可能です。そのまま電話局の窓口へ持ちこみました。

電話局には、さすがに自動札数え機がありました。多かったり、足りなかったりすると、あとは手で数えます。お客はその間待たされるわけですが、そんなことは気にもとめません。時間はゆっくり流れているのです。このように、公共料金の支払いは大仕事なのです。「ゼロを二つとってくれたら、もっと数え易いのに」とはカミさんの弁です。

前にも触れましたが、ラオス経済はタイ経済に大きく依存しているため、九七年からのアジア経済危機の影響をモロに受けました。ラオスの通貨キープは、タイのバーツ以上に下落し、インフレが進行したのです。インフレ率は九五年を一〇〇として、九八年一二月には三四五％にも及びました。

通貨キープも九六年一ドル＝九五四キープだったものが、九八年には四三五五キープ、九九年六月には九九五〇キープにまで下がりました。その後、キープはやや持ち直し、ボクたちが住み始めた二〇〇〇年七月には七六〇〇キープで落ち着いていました。そしてボクたちが住んでいた二年間の間にじりじりと下がり、帰国間際の二〇〇二年六月には九六〇〇でした。

政府は九八年、更なるインフレを食い止めるため、公務員の給与を据え置きました。ボクが配属された農林省の局長クラスの月給が五〇ドル、課長クラスが三〇ドル、一六ドルというケースさえあります。公務員家庭で共働きが多いのは、このためです。また、民間の賃金との格差が拡大し、公務員の勤労意欲に悪影響を与えています。

電話代節約のため、その後ファックスを多用するようになりました。ファックスも、Ａ４一枚を一分以内で送れる時と一分を越える時とがあります。一分を一秒でも越えると、二分間分の料金を取られます。電話の前でカミさんと二人で、一分以内で送れれば「勝った」と叫び、一分を越えれば「負けた」と言い合っていました。

しかし、しばらくして強力な味方が現れました。「Eメール」です。ラオ・テレコムに払う使用料は月にたったの一二ドルで、使い放題です。パソコンは、出発前に日本で購入し、近所の「パソコン教室」にも二週間通いました。しかしボクは「機械音痴」を自認していて、結局メールの操作さえできずにラオスに来ていたのですが、「必要は、発明の母」です。ここで電話代節約のため、メール操作の必要性に追いこまれたのです。

友人の紹介で、助っ人が現れました。プイペットさん（三二歳）です。

プイペットさんは、八八年旧文部省の国費留学生として東京農工大学へ留学しました。その後いったん帰国しましたが、再び日本へ留学し、名古屋大学で電子工学の修士号を取得して、この年の四月に帰国したばかりでした。帰国してもその専門性を生かせる職場はなく、結局外務省に就職しました。「失礼だけど、月給はいくらなの」と聞いても、「安いよ」と言うばかりで教えてくれません。結婚して奥さんの家に同居し、子どもはまだ赤ちゃんです。諸般の事情を考えて一時間七・五ドルでお願いし、月に六〇ドルにはなるように按配しました。

週に二回、一六時三〇分には自分のバイクに乗って職場から我が家に直行してくれるようになりました。公務員の勤務時間は、八時～一六時です。ボクの職場も同じです。公務員の多くは勤務後、なにかアルバイトをしています。給料が低いので、アルバイトをしないと生活して

プイペットさん（パソコンの先生）

いけないのが実状です。プイペットさんもこの他に、会議の日本語通訳や日本語資料の翻訳、観光ガイドなどをしていました。

のべ八年間日本で生活したプイペットさんの日本語は、聞き取りにくい日本語だったものの「読み・書き」は抜群でした。むずかしい漢字を書くことさえできます。勿論、日本製のパソコン画面の漢字はすべて読めます。

ボクは、いい生徒ではありませんでした。覚えが悪いのです。結局帰国するまで習い続けましたが、ワードをマスターするのがやっとで、エクセルには遠く及びませんでした。仕事上、必要がなかったのです。

メールで日本とのやり取りをするようになってから、その後電話代も安定し、月に一〇〇ドル以下で済むようになりました。【R】

自家用車購入

レンタル・ハウスでの生活が軌道にのり始めて、次に直面した問題は、自家用車の購入です。ラオスに赴任が決まったシニアボランティアや専門家の多くが、この問題に頭を悩ませます。「現地で新車を買えるのだろうか」、「日本で購入し送ったとして、すぐ手元に入るのだろうか」など不安は尽きません。確かな情報がないのです。

結論から言えば、現地で新車を購入できますし、また、日本から送ったクルマは、すぐに手に入るわけではありません。私たちに認められている特権「無税輸入」の手続きに時間がかかるのです。早くても一ヵ月弱、遅い場合は五ヵ月余りもかかります。ではなぜこのようなバラツキが生まれるのでしょうか。一言でいえば「運」です。無税手続きをするために各省庁間を実際に動いてくれる人あるいは業者に恵まれるかどうかで決まります。

ボクたちは初めから四輪駆動の新車を買おうと決めていました。雨季のぬかるんだ悪路に強く、中古だと部品が手に入りにくいなどメインテナンス上の問題が大きいと考えたからです。ビエンチャンにも自動車代理店はあります。四軒まわりました。値段は、三菱パジェロが、二・二〜二・八万ドル、トヨタ・ランドクルーザー・プラドーが二・六〜三・〇万ドルです。「売ってやる」という態度の店が多い中で、四軒目のA社は商売熱心でした。初めは値段の安い三菱パジェロを買うつもりだったのですが、カミさんが「足をかけるステップがないので乗りにくい」と言いだし、スーカンさんも「エンジンは、トヨタの方がいい」と強くすすめます。東南アジアのトヨタ信仰はラオスにまで及んでいるようです。結局トヨタ・ランドクルーザー・プラドーを購入しました。値段は、値引き交渉の結果、保険込み二万六五〇〇ドル（本体二万四七一五ドル、保険一七八五ドル）でした。無税輸入、保険加入、ナンバー・プレート取得までの手続きを一切やってくれるという契約でした。

ここで、無税輸入手続きの書類の流れを紹介します。まず書式を整えて、所属省庁、ボクの場合は農林省農業局長のサインをもらいます。勿論、パスポート、IDカード、JICA派遣証明書などのコピーを添付します。このあと、官房長の決済を受け、書類は外務省儀典局へと回ります。ここまでに普通二週間はかかります。局長や官房長の決済箱に書類がたまっていて、順番が巡ってこないのです。

外務省儀典局で決済を受けた書類は、商業観光省、財務省、公共事業省と三つの関係省庁を回ります。その後、下部機関であるビエンチャン特別市（行政区画上、ビエンチャン県とは別にビエンチャン特別市がある。ビエンチャン都と呼んでもいい。本書でビエンチャンというのはすべてビエンチャン特別市のこと）の各局へ回り、最終目的地で保税倉庫のあるタナレーン・カスタムオフィスへたどり着きます。

トヨタ・ランドクルーザー・プラドー（２年間で３万5000km走った）

　ボクの場合は、一ヵ月一週間で手に入りました。ツキに恵まれていたのです。まず、クルマ（たぶん、売れ残り）がタナレーンの保税倉庫にあり、日本や香港から運ぶ日数が省けたことです。次に、農林省内の手続きがわずか一週間で済んだことです。カウンターパートの若く有能なＢ氏が活躍してくれました。もうひとつ思い当たることがあります。契約の二週間後、Ａ社のＰ氏が突然訪ねてきました。

「あと一〇〇ドル出せませんか。そうすると手続きが速くなるのですが」

　ボクは、ためらうことなくその場で一〇〇ドルを渡しました。

　ナンバープレートがついたのは、それから三週間後です。車両管理事務所が、火事で閉鎖されていたためです。巷間には「異動した職員が、自分の汚職の発覚をおそれ、放火した」という噂が流れていました。真実味のある噂でした。

その一〇日後には、国境を越え、タイへ買い物に行く時に必要な「ボーダー・パス」も手に入り、すべての手続きが終わりました。契約してからちょうど二ヵ月かかりました。

我が家のクルマは大活躍しました。走行距離は、約二年間で三万五〇〇〇キロメートルです。最後は、ラオス人に一万八〇〇〇ドルで売却し、帰国しました。【R】

メコン川増水

メコン川は、チベット高原に発し、中国雲南省を抜け、ミャンマー、タイ、ラオスの境を流れ、カンボジアを貫流し、ベトナム南部で南シナ海に注ぐ全長四万四二五キロメートルの東南アジア最大、世界第一一位の大河です。

五月から始まった雨季が盛りを迎えた九月八日、仕事から帰ってきたボクを待ちかねて、カミさんは興奮していました。

「川岸のお寺に行ったら、メコン川の水があふれそうなのよ。あと一メートルも水位が上がったら洪水よ」

「それは大変だ」とばかり、二人で見に行きました。メコン川の水位が、乾季と雨季では二〇メートルの差があることは聞いていました。目の前のメコン川は、乾季には想像もつかない水量をたたえ、かなりの速さで多くの流木を浮かべながら流れています。地元のスーカンさんも、不安げな表情を浮かべています。人間の力が及ばない「自然の猛威」と呼ぶにふさわしい光景です。

同じ日にＪＩＣＡ事務所から出された「メコン川の増水に対する注意喚起」によれば、「九月七日、メコン川の水位はビエンチャン市内において警戒水位まで二〇センチのところまで達し（危険水位までは一メートル二〇センチ）、洪水に対して十分警戒すべき状況」となっていました。その中で「非常用食糧、飲料水等の備蓄の確認」、「薬品等の医療品の確認」、「手元現金（キープ、ドルおよびバーツ）の用意」を呼びかけています。六年前の九四年には、地区によっては洪水による一週間の冠水があったのです。

我が家は、タドゥア通りを越えてメコン川まで約一五〇メートルのところにあります。幸い我が家の前から坂道が上がり、隣のお寺が高台にあるので、水が出たらお寺に逃げ込めば大丈夫でしょう。

翌日、カミさんはまた興奮していました。

「きょう買い物の行き帰りに見たら、Ｈさん宅の前の道路が、水に沈んでいるわ。あれじゃ、

流木を切りそろえる母子（ワット・チョムチェーン）

買い物にも行けないわ」

Hさんは同じシニア・ボランティア仲間で、大きな池を前にしたレンタル・ハウスに夫婦で住んでいます。その池が底でメコン川とつながっていると言われ、メコン川の水位が上昇すると池の水位も上がり、道路にあふれ出るのです。

カミさんが奥さんに電話してきくと、

「そうなのよ。初めはクルマで出入りしていたけれど車高の低いセダン型のクルマが入らなくなり、今では主人は短パンにゴム草履をはいてジャブジャブ三〇メートルほど水の中を歩き、大通りまで出てクルマに乗ってるわ。私は、一歩も家から出られないのよ」

次に、もっと深刻なニュースが飛び込んできました。昼間のガードマン・ジョイさんの家が浸水したというのです。土曜日を待って、水害見舞い

冠水した住宅地（ビエンチャン）［撮影：渡辺和夫］

に行くことにしました。ジョイさんの家は、メコン川に沿って南に我が家からクルマで二〇分程のところにあります。

途中から堤防道路に乗り上げクルマを進めると、川側にある家々は水の中にあります。といっても、いわゆる床下浸水です。その川側に広がるトウモロコシなどの野菜畑は、大きく冠水しています。毎年のことと考えているのでしょうか、人々の表情はなにか楽しげで、子どもたちは犬やアヒルを相手にはしゃぎまくっています。

ジョイさんの家は、幸い堤防の内側にありました。浸水はなく、しかも高床式の家ですから少しぐらいの出水には心配ありません。ラオスで多く見られる高床式の家は、通風性のみならず水にも備えているのです。

ジョイさんは、奥さんの家族と一緒に住んでいます。ここではじめて奥さんと一歳になる娘さんに会うことができました。しかも、心配してきていたジョイさんのお母さん(ウンさんの奥さん)にも会えたのです。ボクたちは、記念写真を撮ったあと帰途につきました。

メコン川の増水は、一二日をピークにおさまり始めました。そして、その後一ヵ月たった一〇月一〇日にJICA事務所による注意喚起も解除されました。【R】

ティアさん

引っ越しが終わった翌日、ビスケットの小さな缶を引っ越しそば代わりに持ち、英語ができるドライバーのスーカンさんを通訳に、ご近所にご挨拶に伺いました。

一番はじめに訪ねたのがお向かいのティアさんの家でした。実直で少しオッチョコチョイのスーカンさんは「日本から来たミスター&マダム菊地です。ミスターは六〇歳を過ぎています。マダムだって同じようなものです。なにしろ日本に孫がいるんですから。二人ともラオス語はわかりません。マダムはタイ語が少しできるけど、ミスターは英語しか話せません。よろしくお願いしますよ」と紹介してくれました。

たちまち私たち夫婦はティアさんの同情を買いました。ラオスの平均寿命は乳児死亡率が高いこともあって五四歳くらいなのです。そうでなくとも、ラオスだったらとうに隠居して、子どもや孫に囲まれて一日ボーッとしている歳なのです。それが、遠く離れた異国で働くなんてかわいそうにというわけです。

その日からティアさんは何かと私たち夫婦を気遣ってくれるのですが、コミュニケーションの手段がありません。スーカンさんがいる時は彼の通訳で「困っていることはないか」と聞いてくれるのですが、英語だって片言の私には、「ありがとう、大丈夫だから」と言うのが精一杯です。お互いに気にはなりながら毎朝大きな声で「サバイディー」と挨拶を交わすだけでした。

そんな関係が一挙に変わったのが、九月になって日本から遊びに来た孫の存在でした。当時三歳の南帆が庭で走り回るのを見て、ティアさんの末っ子で五歳になるティップ君が興味津津、とうとう我慢できずに我が家の庭に入ってきました。そしてティアさんも一緒に付いて来たのです。

ティアさんと私のタイ語とラオス語の単語を並べた会話が始まりました。それ迄のひと月半、お互いに秘かに観察しあっていたので、相手の家のことも少しわかっていました。なにしろ、チョンペット村の人々は一日の大半を家の正面にあるベランダで過ごしているので、お互いの行動が丸見えなのです。

南帆（孫、当時３歳）を抱くティアさん（我が家のベランダで）

ティアさんの家は平日、高校生のお姉ちゃんケオさんと中学生のお兄ちゃんポーン君、ずっと離れて幼稚園に通うティップ君の四人で暮らしています。毎朝、学校に行く前にお姉ちゃんは洗濯物を干し、お兄ちゃんはベランダを箒で掃くのが仕事で、一番末のティップ君は皆にあまやかされ、お母さんのバイクの後ろに乗って幼稚園に行きます。

ご主人は週末になるとどこからか帰ってきて、月曜日の朝職場に戻る「金帰月来」の生活です。家にいる時は上半身裸で鶏を追いかけるのが趣味です。

ティアさんはどうやらこの付近の若奥さんたちの総まとめ役で、大きな声なので村のどこにいてもすぐにわかります。

ティアさんの方は、我が家のメイド、ドライバーなどから私たちの情報を仕入れ、私の一〇倍くらいの情報を持っているようです。その日から何とか意志の疎通ができそうだとお互いに認識しあい、家を訪問しあう仲になりました。そうはいっても、五分もすれば単語を並べ合う会話は尽きてしまいます。あとは、風に吹かれてココナッツ・ジュースを飲みながらボーッと通りを見て過ごします。

日本人の私は会話がないと不安になり、彼女と別れたあとガックリ疲れてしまいます。でもそのうち、ラオス人同士でも会話をせずボーッと一緒に過ごしていることが多いことを発見しました。日本の井戸端会議のように四六時中おしゃべりしているのとは違うようです。そして、私もボーッとしていることに心地よさを感じはじめてきたのです。【A】

ラッキーさん

お隣のラッキーさんは三六歳の専業主婦です。会社勤めをしているご主人と、七歳のお嬢さんと二歳の坊やのお母さんで、「今、私の仕事は子育てです」と言っています。そしてラッキーさんの家には、彼女の弟さんとその奥さん、二歳ともうすぐ一歳になる男の子の四人が同居しています。

パーティー料理の下準備をするラッキーさん

ティアさんの家は、我が家のベッドルームの窓やテラスから全部見えます。しかしラッキーさんの家は、私があまり足を踏み入れない二階のゲストルームからしか見ることができません。それにラッキーさんはティアさんのようにあけっぴろげの性格ではなく、口数もそう多くはなく、いつもなんとなく物悲しい表情をしているのです。したがって、ラッキーさんの家族構成や日常生活は、チョンペット村に越してきて一ヵ月くらいたってもほんの少ししかわかりませんでした。

普段ラッキーさんを見かけるのは、夕方、我が家の前の道で二歳の坊やと弟さんの子供を遊ばせている時です。その時間、ティアさんは自分の家のテラスに腰掛け、夕食の下ごしらえらしきことをしています。時折、大声で道路にいるラッキーさんに話しかけています。

そんな時、ティアさんはラッキーさんのことを「妹」と呼んでいます。それを聞いていた私たち夫婦は、「ラッキーさんとティアさんは似てないから、ラッキーさんのご主人とティアさんが姉弟なのね」、「そういえば、目が大きいところなんて良く似ているね」と話していました。

ある日、ラッキーさんと話していて、「ご主人のお姉さんがティアさんなんでしょ。良い人でいいわね」と言ったら

「ちがうわよ。なんでそう思ったの」

「だってお姉さん、妹と呼び合ってるじゃない」

「？……」

話はくいちがうばかりです。そこで私は、タイでも親しい年下の人に「ノーング」と呼びかけることを思い出しました。タイを離れて五年たっている私は、「ノーング」は「妹」という意味だということしか覚えていなかったのです。

「ラオスでも親しい人同士はお姉さん、妹と呼びうあうの？」

「そうよ、ティアさんは私のお姉さんのような人なの」

ラッキーさんと私は誤解のもとがわかり、お互いに大笑いです。ラッキーさんは英語が話せるのですが、シャイな彼女はあまり英語を使いません。英語が苦手な私に気を遣っているのかも知れません。私たちの会話はラオス語とタイ語とボディー・ランゲージで、いよいよ話が通

じない時は英語を使います。そんなわけでティアさんとよりは少し複雑な会話がかわせるのです。【A】

ラッキーさんの親戚

ラッキーさんと少しずつ話をするようになった私は、ご主人とは勤めていた日系の製薬会社で知り合って結婚したことや、彼女の御両親はずいぶん前に亡くなったことなどを知りました。そして驚いたのは、タドゥア通りから私たちの家がある「ソイ」と呼ばれる小道の両側は、全部彼女の家のものだったということでした。私たちが住んでいるレンタル・ハウスの土地も彼女のものだったのですが、二年前、私たちの大家さんにあたるブンペーンさんに売ったそうです。「生活のためにしかたがないのです」とラッキーさんは少し淋しそうに言いました。

そういえば、我が家の裏の池では毎週末ラッキーさんのご主人が魚を追いかけて遊んでいます。そのそばの椰子林では、ラッキーさんの家族が椰子の実を落としているのを見かけたことがありました。池のある空き地と、お寺と我が家の間の土地は、今でもラッキーさんの持ち物だったのです。私たちは空き地だから村の誰でも自由に魚や椰子の実、バナナを取ってもいい

子どもたちの半分は親戚同士（ティアさん宅前で）

ことになっているんだろうと思っていましたが、一応所有権というものがあったのです。

「私の娘と二歳しか違わないのに、あなたは偉いわね」とラッキーさんに話すと、「親戚の人たちに助けられているから、大丈夫」と言います。そして、ソイの入り口のレンガ作りの大きな雑貨屋兼お惣菜屋さんは、ラッキーさんの叔母さんの家だというのです。ティアさんのことをラッキーさんの義理のお姉さんだと勘違いした経験のある私は、「本当の叔母さんなの」と余分なことを聞きました。ラッキーさんは笑いながら「本当よ」と言いました。

そこのお惣菜は美味しいと評判で、お昼時は遠くからバイクで来る買物客でにぎわっています。スーカンさんやジョイさんも、お昼ご飯はカオニャオ（もち米を蒸かしたラオスの主食）だけを自宅で作って、おかずはこのお店で買っているようです。そこの美人姉妹はラッキーさんの従姉妹だったのです。

美人姉妹の妹さんには、「お散歩ですか」と日本語で話しかけられ驚いたことがありました。お店を手伝いながら夕方から日本語学校に通っているそうです。お姉さんは結婚していて二歳の女の子のお母さんです。

しばらくしてから、我が家のすじむかいの家がラッキーさんの叔父さんの家だということがわかりました。ティアさんの家と池をはさんだこの家は、私たちが越してきた当時、ひっそりとした民家でした。それが半年くらいして、池の上に張り出し床を作り、その上にテーブルと椅子を置いて、タイの流行歌をスピーカーで流すアイスクリーム屋を始めたのです。

これが大当たり。お寺の前の高校の生徒たちが、下校時間に二〇〇〇キープのアイスクリームを舐めながらお喋りに興じるようになりました。同居しているお嬢さんとそのご主人が始めた商売です。

たまに近所の子供たちとこのお店に出かけると、お店の若夫婦が「この子はまだ小さいからアイスクリームは食べられない」と小さい子供を指さして言います。私は、「村中で子育てしてるんだわ。売れればいいという日本の商売とは大違い」と感激していたのですが、なんのことはない、親戚の子供だったんです。

ヤックくん（右端）の家族（ヤックくん宅で）

アイスクリーム屋さんにも二人の小さい子供がいます。なんと我が家の前の道で遊んでいる腕白少年少女のうち七人は、ソンナラットという名字の親戚同士だったのです。【A】

ヤックくん

ボクがビエンチャンで日本語を教えていたヤックくんは、二〇〇三年四月から神戸大学法学部で国際関係論を学んでいます。彼は、将来の夢のひとつを実現したのです。

ヤックくんに初めて会ったのは二〇〇〇年九月で、その日のことはよく覚えています。まず彼は、自己紹介をしました。

「ボクの名前は、マノデス・チュンタウオンです。

でも、ヤックと呼んで下さい。ヤックとは、ロシアの飛行機の名前で、「心が元気」という意味です。いま、一九歳、ラオス国立大学の二年生です。将来、日本へ留学するために日本語を勉強したいのです」とたどたどしいながらも日本語で話したのです。

彼は八一年六月ビエンチャンに生まれ、地元の小、中学校を経て、名門ビエンチャン高校を卒業しました（ラオスは、五・三・三制。大学は五年制）。

小学校時代、ビエンチャンでも見ることができるタイのテレビ放送で「ドラゴン・ボール」、「セイント・セイヤ（聖星矢）」、「マルコ・ポーロ」など日本の漫画やアニメ（タイ語版）を見て、日本に興味を抱いたといいます。小学校三年生の時、父方の親戚が国費留学生として東京農工大学へ留学したことも、日本を身近に感じた出来事でした。

高校二年生の九月（ラオスの新学期は九月）、彼はビエンチャンの中心街にある「ラオ国際語学学校」の「日本語コース」に通い始めます。彼の自己紹介の日本語は、ここでの三年間の成果だったのです。

面接は、まだ続きます。

「家族は？」

「七人です。父は、農林省、母は、財務省に勤めています。姉が二人いて、ひとりはラオ航空に勤め、ひとりはタイの大学に留学しています。二人の妹は、高校生です」

「家は、どこですか？」

「タドゥア通り五キロメートルです。菊地さんの家まで、バイクで五分のところです」

こうして彼は週に二日、日本語を習いに我が家に通うようになったのです。

実は、ボクはビエンチャンに来る前の半年間、東京・新宿にある朝日カルチャーセンターの「日本語教師養成講座」に通っていたので、ある程度日本語教授法を身につけていました。日本の小学生のドリルを使って学力のレベルを計ってみると、漢字が小学二年生のレベルであることがわかりました。彼は語学学校で、海外技術者研修協会編の教科書『新日本語の基礎（二）』へ進んでいて、文法や会話は得意だったのです。そこで、週の一日は「日本文化」、もう一日を「日本語」を勉強することにしました。

「日本文化」は、手元にある日本のテレビ番組を見せることから始めました。あいにく彼が好きな漫画やアニメがなく、ＴＢＳ「世界ふしぎ発見」やＮＨＫ「アジア街道」という番組でした。

「日本語が速くて聞き取れず、わからない」と言います。「学校の先生以外の日本人と話したのは、菊地さんたちがはじめて」ということなので、テレビの日本語を聞き取れないのは無理もありません。

そこで、孫（南帆、当時三歳）のビデオを見せました。日本人の子どもがどうやって母親から言葉を獲得していくかを見る教材です。孫の「運動会」や「七五三」のビデオは、日本の行事の紹介です。これは、あたりました。今でも彼は、「南帆ファン」です。

台所が勉強の場にもなりました。カミさんが、先生です。日本米(チェンマイ産のコシヒカリ)を炊いて、海苔と味噌汁で食べてもらい、日本人の食生活を理解してもらおうというわけです。暮れには、おでんやお餅も食べてもらいました。彼は、感情を外に表さない性格です。何を食べさせても、「おいしい」と言います。しかし、日本茶だけが駄目でした。「シブイので、嫌い」とはっきり言いました。

「絵描き歌」にはとても興味を示しました。「棒が一本あったとさ。葉っぱかな。葉っぱじゃないよ、蛙だよ。…」というあれです。すぐ質問です。

「『葉っぱ』は『葉』のことですか?」

「そうです。『葉』を日本語では『葉っぱ』とも言います」

「葉っぱじゃない」は、『葉っぱではない』が正しいのでは?」

「その通りですが、『ではない』がくずれて『じゃない』になる場合があります」

その他、CDで日本の童謡を聞かせたり、日本の新聞や週刊誌を見せたりいろいろなことをしました。新聞や週刊誌は、まったく読めません。漢字が読めないからです。

「日本語」は、語学学校(月〜金の一九時〜二〇時)の授業でわからなかった個所の復習と、『新

日本語の基礎　かな練習帳』でひらがな、かたかなの復習から始めました。ヤックくんは書き順が違うものがあるものの、完璧です。日本語の語彙を増やすためにも漢字に移ろうとしていた二〇〇一年三月、彼は言いました。

「来年度の日本政府の国費留学生試験を受けたいのです」

日本政府の国費留学制度があって、毎年二〇人前後の学生が日本へ留学することは知っていました。ボクのパソコンの先生プイペットさんも、この制度で日本へ留学したのです。「ヤックくんの学力で、本当に試験に受かるのかな」というのがボクの正直な感想でした。日本語の語彙を増やすためにも漢字の勉強を始めた矢先、彼は突然来なくなりました。ヤックくんは律儀な若者で、来られない時には必ず事前に連絡をくれていたのです。二週間たって、ひょっこり現れました。ひとまわり身体が小さくなっていました。デング熱に罹っていたのです。

デング熱は、蚊によって媒介されるウイルス性の熱帯伝染病です。昼間の蚊はデング熱、夜の蚊はマラリアと言われます。死亡はまれですが、高熱・関節筋肉痛を発し、特効薬はありません。ひたすら安静にして、寝ている以外方法はありません。ラオス人はデング熱に罹ると、ココナッツ椰子の実を割ってそのジュースを飲みます。ヤックくんも一週間余り、椰子ジュースを飲み続けたにちがいありません。我が家での第一声は、「ココナッツの実を、見るのもいやだ」でした。

漢字の勉強は、『新日本語の基礎　漢字練習帳（一）』を教科書にしました。「象形文字」から始まり、位置や大きさ、数字を表す「指事文字」、二個以上の漢字を統合して一個の字とする「会意文字」、二文字を結合して新文字を作り、その一部は音、他の一部は意味を表す「諧声（形声）文字」へと進みます。

会意文字までは、「絵」がついて、なぜそういう形になったのかを説明してあるので、比較的教えやすいのです。ヤックくんも、納得しながら覚えてゆきます。しかし、その先になると、難しくなります。覚えてゆくしかないのです。

「菊地さん、『習』はなぜ『羽』と『白』で『習』になるのですか」

「それは、古代の中国人にきかないとわかりません。外国人であるヤックくんは、覚えるしかないのです」

国内の選抜試験、七月末には日本大使館による面接試験を経て、九月の初めにヤックくんは日本語と英語で書かれた「留学申請書」を我が家に持ってきました。

「菊地さん、これで間違いはないでしょうか」

記入の間違いはありませんでした。ただし、進学希望大学名の欄に「東京大学、京都大学、大阪大学」と記入されているのが気になりました。

その後、ヤックくんはラオス国立大学で二五人の候補生と一緒に三ヵ月間日本語の講習を受けたあと、二〇〇二年一月中旬、「大学枠」への合格が決まります。

ちなみにこの年は、大学へ三人、高等専門学校へ八人、専門学校へ一〇人の留学が決まりました。ヤックくんは、東京・府中市にある東京外国語大学留学生日本語教育センターで一年間日本語教育を受け、その後大学へ進むことになります。

合格が決まったあとは、「日本文化・日本の生活」の勉強に力が入ります。一番興味を示したのは、ＮＨＫ「紅白歌合戦」のビデオでした。彼は高校時代、ロック・バンドをつくっていたのです。ボクたちが知らない宇多田ヒカル、浜崎あゆみといった最新流行歌手のこともよく知っていました。

「府中にあるセンターの寮から船橋の菊地さんの家までは、どうやって行くのですか？」

ボクは日本から取り寄せた英語版の東京周辺地図を見せながら説明します。

「まず、府中から京王線で新宿まで出てください。新宿でＪＲ総武線に乗り換え、津田沼で降ります。そこから新京成に乗り換え、五つ目の高根木戸で降り、一〇分ほど歩くとボクたちの家です」

ラオスには、鉄道がありません。「電車に乗って移動する」ということが想像もつかないのです。ましてや駅のプラットホームは、どんなに説明しても理解できません。

「菊地さんの家まで、タクシーで行けますか?」

「勿論行けます。ただし、日本は物価が高く、三〇〇ドル位かかります」

二月下旬ヤックくんは、日本から来ていたボクの年上の友人たち四人組と、我が家で夕食を一緒にしました。日本人との会話に慣れてもらうためです。はじめ緊張していたヤックくんも皆が自分を応援しようとしていることにすぐ気づき、質問に懸命に答えます。

「どこに住むの?」

「府中の日本語教育センターの寮です」

「なんの勉強をしたいの?」

「国際関係論です」

「なぜ?」

「ラオスは、外国からの援助を受けています。そのため国際関係論を勉強して、将来国の役に立ちたいのです」

四月二日、ヤックくんは他の仲間たちと一緒に日本へ発ちました。空港に見送りに来ていたご両親は、ヤックくんがボクたちと自由に日本語で会話を交わしているのを見て、とてもうれしそうでした。【R】

菜園の収穫

我が家のガードマンのウンさんが、野菜栽培のエキスパートであることは前にもお話ししました。以前、作物栽培の専門家I氏宅に三年間勤務し、そこで教えてもらったのです。

我が家に勤め始めてすぐ、ウンさんは庭の真ん中にあった花壇を菜園に作り変えました。道具は、細身のスコップ一本です。土を掘る時も、畝を整える時にもこれを使います。鍬は使いません。二週間後に、昼間のガードマンとして勤めるようになった長男のジョイさんも加わりました。親子で同じ職場で働くようになって、ウンさんはジョイさんにいろいろ仕込みたいことがあるようです。ジョイさんはすぐに野菜作りや庭仕事の腕を上げていきました。

ウンさんが最初に植えたのは、オクラです。七月中旬に種をまき、熱帯の太陽と豊かな土壌に育まれて黄色い花を咲かせ、九月の上旬には収穫期を迎えました。ウンさんが夕方収穫したオクラをざるに入れてはじめて届けてくれた時は本当にびっくりしました。日本のオクラは、長さ一〇センチ位です。それがなんと二〇センチはあるのです。肌も産毛を通してツヤツヤしています。

カミさんが、すぐ茹でてくれました。「こんなお化けのようなオクラはおいしいかなあ」と言いながら日本製のマヨネーズをつけて食べてみると、これが実に柔らかく、しかも甘くおいし

菜園の手入れをするウンさん［撮影：大森房子］

いのです。生のまま細かく刻んでもらい鰹節をふりかけ、醤油をたらして食べてみると、歯ごたえも良くおいしい。取れ立てですから、おいしくないわけがないのです。

これ以降、オクラはすっかり我が家の定番となりました。難点は、毎日たくさんとれることです。ボクがいくらオクラ好きだからといっても、一日に食べる量は四本が限度です。あとはカミさんが日本人のお宅を訪れる際の手土産代わりとなりました。

手土産として皆さんに一番喜ばれたのは、キャベツです。これは塀際の空きスペースに植えたのですが、大きく、巻きも硬く、そして甘い見事なキャベツで、大評判でした。ウンさんとジョイさんのお手柄です。

そのほかに、二十日大根は、すぐ収穫でき、酢漬けにして食べます。サヤエンドウは、竹で市松模様の支え枠を作り、立派に収穫できました。レタスは暑さのせいか巻きが甘く、サラダ菜のようになります。小松菜はよく育ちましたが、ほうれん草とカボチャが駄目でした。日本の友人に頼んで持ってきてもらったキュウリは、実が小さく、たくさんなりませんでした。枝豆は、甘くおいしいのですが、すぐ大豆になるので、収穫のタイミングに悩まされました。唐辛子、レモングラス、パクチー（コリアンダー、香草）はいつでもとれます。

このように絶えず我が家の庭で野菜の収穫ができる背後には、ウンさんとジョイさんのたゆまぬ工夫と努力があります。特にスコールが来る雨季は大変です。激しい雨足で、播いた種が土と一緒に流されてしまうのです。したがって、雨季には雨除けを作ります。家を建てる要領で、木の枝で柱を建て、屋根の部分を枯れた椰子の葉を何枚も重ね、葺くのです。日常的な草取り、水やり、土づくりは言うまでもありません。

敗戦後の食糧難時代、日本のどこの家庭でも庭に野菜を植え、食糧の足しにしたものでした。今では死語となった「代用食」という言葉があり、サツマイモ等のいも類、カボチャ、トウモロコシが代表でした。当時我が家でもカボチャを植えていました。子どもの頃のことで確かな記憶はないのですが、その時代をくぐり抜け収穫の喜びの感覚を身につけたような気がします。

ビエンチャンでの二年間、毎日庭で収穫した野菜を食べられるという生活は、収穫の喜びを

味わい、大自然の摂理に包まれ生きている実感を覚えるものでした。【R】

タイへの買い出し

ビエンチャンで調達できる日本食品には限りがあります。そこで月に一回は、メコン川にかかる友好橋を渡りタイのウドンへ買い物に出かけます。

ウドンは、正式にはウドンタニというタイ東北部の街です。ベトナム戦争当時、北爆に飛び立つアメリカの空軍基地として発展しました。ここには、タイ資本で全国に展開する「ロビンソン・デパート」、量販店の「ビッグC」や「マクロ」があります。

ボクたちがはじめてウドンへ出かけたのは、ピンク・パスポート（ボーダー・パス）を手に入れた直後の二〇〇〇年一〇月でした。我が家から友好橋まで一三キロメートル、友好橋からウドンまで五四キロメートル、約七〇キロメートルのドライブです。

友好橋のイミグレ（出入国管理事務所）のレーン（車道）は、二つあります。一般用と外交官用です。幸いなことにボクたちのクルマは外国人ナンバー・プレートを付けているせいで、外交官用のレーンに並ぶことができます。イミグレの混み具合にもよりますが、パスポート、出国カード、ピンク・パスポートを提出し、二〇分程で手続きは終わります。費用は、一万七五〇〇キープ（約二ドル）です。

ラオスとタイを結ぶ「友好橋」は、オーストラリアの援助で九四年四月に完成しました。約一・二キロメートルの友好橋を渡り切ると、すぐタイのイミグレです。ここでの手続きは、簡単です。パスポートと入国カードにポンポンとスタンプを押してくれるだけです。

イミグレを過ぎると車線が左車線に変わります。ラオスは右車線、タイは左車線です。実を言えば、ドライバーのスーカンさんがタイの道路を自分で運転するのは、この日がはじめての経験でした。彼も緊張したでしょうが、ボクたちも少し不安でした。しかし、道路は片道三車線と広く、舗装もしっかりしており、滑るように走ります。スーカンさんも、時速一〇〇キロのスピードでとばします。「橋」をひとつ越えただけで、道路は格段とよくなり、ラオスと同じような水牛が草を食む田園風景までが豊かに見えます。

ラオス人は、学校教育の中で学ぶ機会がないのか、地図を描いたり読むことが苦手です。スーカンさんとて例外ではありません。街中に入ったところでボクが前座席に座り、地図を見ながら目指すロビンソン・デパートを探しました。

地下の駐車場にクルマを入れ、デパートの一階に上がった時のスーカンさんの驚きは大きなものでした。化粧品、ハンドバッグ、靴、衣類など商品が彩り鮮やかに所狭しと並べられているのです。おそらくビエンチャン中のお店の商品を全部集めてきてもかなわない物量です。彼は、タイのデパートに入るのははじめてだったのでしょう、目が点のようになっていました。

三階のスーパー・マーケットには、日本食品が豊富に揃えられています。日本ねぎ、日本きゅうり、えのき茸などの野菜類、おでんの材料、トレイに入れてある薄切りの牛肉、豚肉、チューブに入ったワサビや辛子など日ごろ欲しいと思っている物が何でもあります。

お目当ては、海産物、特にエビです。クーラーボックスに氷を詰めてもらい二キロ位買います。そのほかに、各種ビニール袋、アルミホイル、ラップなどの生活雑貨、不足している皿やカップなどの食器等々、ビエンチャンで手に入りにくいと思われる生活用品は、目につくまま買いこみます。

最後に我が家の助っ人の皆さんへのお土産として洗剤の大箱を買いました。これは喜ばれました。ビエンチャンで買うよりは数段安く手に入るのです。ウドンへ来るたびに毎回買って帰りました。カミさんが婦人服売り場でビエンチャンでは売っていないスカートも買い、この日の買い物は約三〇〇〇バーツ（九〇〇〇円）でした。

クルマの後部に荷物をいっぱい積んで、来た道を戻ります。最初ボクは、ラオスのイミグレで荷物をチェックされ、関税をかけられるのではないかと不安でした。ところがフリー・パスなのです。外国人ナンバーのクルマは、何を積んでいても一切見ません。

イミグレを抜けて、いつものデコボコのタドゥア通りを我が家に向かって走り始めると、なぜかホッとします。車窓には、家路を急ぐ山羊の群れや四手網を引き上げる子どもたちなど、見なれた風景が過ぎていきます。後ろでは、発泡スチロール製のアイス・ボックスが何かにこすれてギシギシ鳴っています。クルマのスピードはせいぜい時速四〇キロです。時間がゆっくりと過ぎるラオスでの生活に安堵感を覚えるのは、こんな時なのです。【R】

ボートレースの日

日曜日ほど退屈な日はありません。気分転換に街まで出かけても、市場といくつかのレストランを除いてお店はみんなお休みなのです。家でボーッとしているのは毎日のことなので、夫のいる日曜日くらいは行動半径を広げて刺激のある生活がしてみたいと思うのです。でも行く所がないのではしかたがありません。朝から洗濯をしたり、街までパンと牛乳を買いに行き、冷房もないお店で焼きそばやラーメンを食べたりして一日が終わります。

そんな一〇月の最初の日曜日、朝から村中が浮き足だっています。お向かいのティアさんの家も前日から親戚の人が泊まり込んでいます。年に一度、チョンペット村周辺のボートレースの日なのです。

三週間前には、私たちの村から一五キロくらい下流の地域でボートレースをしていました。ちょうど車で通りかかり、「ちょっと覗いていかない」と言う私に、「混んでるだけだよ」と見物を拒んだのは夫でした。先週の日曜日はジョイさんの村のボートレースでした。彼は運動神経も良く村のエースらしいのですが、今年は我が家に勤めだしたため練習に出られなかったので、「自信がない」と言っていました。どうやら、メコン川の上流と下流からスタートしたボートレースは、最終的にオーク・パンサー（出安居《であんご》）の日にビエンチャンの中心街のメコン川で決勝戦が行なわれるという仕組みのようです。

午前中の買物が終わって帰って来たところで、スーカンさんは「家の子供たちがボートレースに行きたいと言って困った」と話しだしました。それを聞いた夫は、「それはかわいそうなことをした。子供たちを迎えに行っておいで。一緒にボートレースを観に行こう」と言っています。さっきまで「午後はのんびり本でも読んで過ごそう」と言っていた夫の変わりように、私は喜びました。

「イエス・サー」と言ったかと思うと、飛んで帰ったスーカンさん。しばらくすると自分の子供三人とその従兄二人、それにご主人の企業研修で少し日本に住んだことがあるという片言の日本語を話す義理の妹さんも連れてきました。さっそく大人四人と子供五人はメコン川に出かけました。土手は人であふれかえっています。鶏肉の炭火焼き、カオラームとよばれる竹の中にもち米とココナッツミルクを入れて蒸したものなどを売る店、中国製の一つ一ドルくらいの電池で動く玩具を売る店、野外ディスコ等もう大騒ぎです。

人をかきわけゴール地点のチョムチェーン寺にたどりついた私たちは、どうしたわけか貴賓席に入れてもらいました。そこで飲み物の接待を受けてしまい、落ち着かない気分で川を見ていました。

しかし、いっこうにボートは来ません。「何時に始まるの」と聞いても、「午後だ」という返事しか返ってきません。「もう午後になっているのに」と思うのは私ばかりのようです。ラオスの人は誰も始まる時間など気にしていません。勝手にお酒やジュースを飲んでおしゃべりをしています。

いいかげん嫌になった時、突然ボートがやって来ました。みんな立ち上がって、おらがチームの応援です。一番前で二レース程観戦した私たちは、暑さと人込みに疲れて家路につきました。子供たちは夫から一人一つずつ玩具を買ってもらって大喜びです。

やっとの思いで家に帰りついたら、今日はお休みのジョイさんが奥さんと子供を連れてボートレースの帰りに遊びに来ていました。皆は門番小屋や庭で適当に過ごすだろうから私たちは一休みと思っていたら、お向かいのティアさんの家から「宴会をするからすぐおいで下さい」と

ボートレース（ワット・チョムチェーンから）

お呼びがかかりました。これも村の付き合いとウィスキーのビンをかかえ、勤務中のウンさんと子供たちを残して、大人は全員お向かいの家に行きました。そこでラオス式の大宴会です。

男女、職業の差別なく「ニョ」、「スーン・ドゥーム」（乾杯）と言いながら果てしなく乾杯は続きます。私はただひたすらティアさんの作ってくれた「カオプン」という、冷や麦に似た麺とバナナの花やキャベツ、ミントの葉、もやしなどの上にココナッツミルクのタレをかけた料理を食べ続けます。

ティアさんのカオプンは村でも評判の味です。ただし普通に作ったのでは唐辛子がききすぎるので、私と夫のために特別に唐辛子控えめを作ってくれるのです。唐辛子控えめのカオプンなどは、外国人である夫と私以外は食べません。そこでお酒を引き受けてくれている夫に代わり、私がひたすら食べ続けるのです。

ようやくあたりが薄暗くなり、ティアさんのご主人が、「最後の一杯を飲み干して」と言うので、夫はウイスキーを私はビールの水割りを飲み干しました。これで終わりとホッとしたのは甘かったのです。これから我が家のお隣のラッキーさんの家で生バンド付きのディスコパーティーだというのです。

お向かいだけに行って、お隣に行かないわけにはいきません。それに我が家に帰っても、隣で大音響付きディスコ大会をやられては、寝ているどころではありません。ティアさんの家で宴会に参加していた人たちは、ゾロゾロとラッキーさんの家に移動です。

そして、私たちはラオス式に揺れて踊って、夫が「昴」を歌わされ、またまたお酒を飲まされ、村の皆から「これで、私たちは親戚になった」と言われました。【A】

タート・ルアン祭り

タート・ルアン祭りは、ビエンチャンで一番大きな祭りです。旧暦一二月の満月の日を中心に約一週間行なわれ、タート・ルアン前の広場には各省庁、地方公共団体、企業が出展するブースや店が並び、昼となく夜となく多くの市民がそぞろ歩きを楽しみます。

二〇〇〇年は、一一月一一日（土）が満月の日でした。公式には、七日（火）～一二日（日）が祭りの期間です。その前の週から、広い広場を埋める勢いで、さまざまな建物の建設作業が続きます。ボクの職場（農業普及庁）でも、前の週から農林省のブースに出品する米やキノコの準備に追われていました。タート・ルアン祭りは、政治的にも経済的にも国の発展を内外に示す一大イベントなのです。

あとで調べたところでは、満月の前々日（九日）の夜、ビエンチャンを守護する「市の柱」が納められているワット・シームアンに、プラサート・プン（竹とバナナの幹で作った飾り台）を手に市民たちが集まり、「点灯の儀式」が行なわれます。

次の日（一〇日）の午後、プラサート・プンを手にした市民たちはワット・ノンボーンに集合し、タート・ルアンへパレードします。タート・ルアンでは、大塔を三周して正面で三拝し、供物の蠟燭、花、線香を捧げます。

満月の日（一一日）は、早朝境内で「大托鉢式」が開かれ、午後はティキー（ホッケーに似たゲーム）が行なわれ、夜には蠟燭を点して大塔をまわる儀式があります。

その当時ボクたちは、タート・ルアン祭りの知識はほとんどありませんでした。九日の夜、バンコクから来た友人Rさんたち三人と食事をしたあとタート・ルアンへ行き、人出の多さにびっくりしました。ライト・アップされたタート・ルアン前の広場は、「一体どこからこんなにも人が集まってくるのだ」と思わせるほど、文字通り人で埋め尽くされているのです。

参拝をすませたあと、ボクたちは各県が特産の絹織物を出品しているブースへ向かいました。バンコク在住のRさんは東南アジアの織物に造詣が深く、収集家でもあります。Rさんの目の色が変わりました。一六県すべてのブースが出品しており、少数民族（六八民族と言われる。政府発表は、四九民族）が織ったものもたくさんあります。各地方ごと民族ごとに、独特の文様が伝わっているのです。

「今時こんなものまであるんだ。わあ、これはすばらしい」

Rさんは夢中です。

「どうやって、持って帰るの」

とボクがきく声も耳に入らないようにRさんは買いまくります。好きな人が、好きなものに出会った時に見せる表情は、独特です。Rさんにつられてカミさんも少し買いました。結局、Rさんの買い物の半分は我が家で預かることになりました。

翌日の午後、ボクたちは再度タート・ルアンへ行きました。昼間の様子を見ておきたかったからです。ここでボクたちは幸運にも、ワット・ノンボーンからタート・ルアンへ向かうパレードに出会ったのです。

供物を手にタート・ルアンに向かう女性たち（タート・ルアン広場）

ラオスの民族衣装に正装した人々が、竹とバナナの幹で作った台に二本の竹のポールを付け、そのポールをカラフルな紙やお金（札）で飾り付けたプラサート・プンを担いだり、供物の花や果物、お金を入れた銀の器を捧げる人たちが続きます。まるで王朝絵巻を見る想いがしました。

満月の日の朝、ボクたちは四時に起床し、五時にタート・ルアンへ向かいました。六時から始まる「大托鉢式」に参列しようというわけです。「大托鉢式」には、国中の僧侶が集まり、境内で「大読経会」が行なわれるときいていたからです。

同じシニアボランティアのAさんを途中でひろい、境内の北面に座ったのは五時四〇分頃でした。境内は、真新しい絹のシン（ラオス特有の巻きスカート）とパービアン（肩掛け）を身にまとった女性が目立ちます。男性は、平服にパービアンだけという人が多いようです。

境内の回廊には、全国から集まった僧侶たちがすでに詰めています。ボクたちは、うかつでした。下に敷く敷物も僧侶に寄進する供物も用意してこなかったのです。しかし、人情に厚く親切なラオスの人々が助けてくれます。隣に座っていた見知らぬ人が、蠟燭を分け与えてくれ、ドライバーのスーカンさんが外に出てビニール袋に小分けされたお菓子を買ってきてくれました。

六時前に太陽が上がりはじめました。境内は、人で一杯です。朝の斜光を受けて黄金の大塔がきらきら輝きます。しかし、六時を過ぎても儀式はいっこうに始まる気配がありません。せっかちなボクは、様子を見に東門(正面)へ足を運びました。白い民族衣装を身に着けた青年が八人、誰かを待っているようです。スーカンさんにきくと、大統領の到着を待っているといいます。

六時二〇分すぎ、いきなり大音響のスピーカーで読経が始まりました。「あれっ!」と思いました。ボクの思い込みのせいです。ボクは、全国から集まった僧侶による肉声の読経の声が、境内中に響きわたると思い込んでいたのです。ところが現実には、大音響のスピーカーの読経に境内の回廊に並んでいる僧侶たちが小さな声で和しているのです。

ボクたちのまわりに座っている人々は、蠟燭を点したお盆や銀器を掲げながら、読経に合わせ、三拝九拝します。正装したお年寄りの女性が祈る敬虔な表情が印象的です。そんな姿に、ラオスの人々がタート・ルアンに寄せる想いをを見たような気がしました。ボクたちは、ひたすらまわりの人々にならいます。

三〇分程で「大読経会」は終わり、托鉢に移りました。これは、用意した供物を回廊に並ぶ僧侶たちに寄進するのです。カミさんもAさんも、お金（札）とスーカンさんが用意してくれたお菓子を僧侶の前にある容器（バーツ）に入れて回りました。こうして七時前には「大托鉢式」が終わりました。【R】

得度式

二〇〇〇年一二月二日はラオスの革命二五周年の日です。その日は朝からタート・ルアンの広場で盛大な式典とパレードがあるということでした。我が家のラオス人やご近所の人にきいても詳しいことはわかりません。前日になっても、式典を中継するテレビ局の職員にさえ、詳しいプログラムが知らされていないようです。

それでも何とか人々の噂から午前八時すぎから沿道でパレードがあるらしいと聞きつけた私

戒壇堂で戒を受ける青年（右）

たちは、八時一五分頃会場に到着しました。ところが、もうすべてのプログラムは終了しており、疲れた顔をした参加者が帰宅するのに出会ったのです。

パレードに動員されたヤックくんの話では、当日午前一時に集合させられ、午前六時の開会を待ったそうです。彼も集合時間と集合場所だけ知らされていたそうです。めったにないイベントなのに見逃してがっかりした私たちは、いつもの休日と同じように、家の中で本を読んだり、パソコンに向かっていました。

休日の午後の村はいつもひっそりしていて、夕方涼しくなるまで前の道を歩く人もいません。そこへ突然太鼓やシンバルのにぎやかな音が聞こえてきました。急いで門の外に出てみると、楽隊を先頭に三〇人位の老若男女が正装して、托鉢用の

受戒を祝い仏塔を回る参列者（ワット・チョンペット）

鉢やお花、お線香を持って行列しています。

お向かいのティアさんやラッキーさんも出てきて、「一緒に行こう」と言います。私は本を読みながら昼寝でもしようと思っていたところだったので、涼しいだけが取り得の中国製のペラペラな木綿の服に顔はスッピンです。ティアさんもラッキーさんも普段着ながら一応シンをはいています。「こんな格好しているけど、いいの?」と聞くと、「ボーペンニャン」ということでした。

夫もビデオ片手にサンダル履きで行列の後に続きました。行列は我が家から一軒隣のお寺に入ります。いつのまにか、私の手にお線香とお花が握らされていました。

ご近所の人たちの後について「戒壇堂」に上りました。そこでは、頭と眉毛を剃りあげた青年が住職から「戒」を授かる儀式が行なわれています。

私はここではじめて、これが僧の「得度式」だということに気付きました。

ラオスの男性は一生に一度、僧侶になるしきたりがあります。二週間から三ヵ月と幅はありますが、いわば男性の通過儀礼なのです。戒壇堂の外にいた夫は、住職から「入ってもいいよ」と身振りで知らされ、儀式の様子を撮影しました。

その後、「輿」に乗った住職を先頭に参加者全員が仏塔のまわりを三回巡ります。そして「戒」を授かったばかりの僧が幕を張った囲いの中に入り、読経と共に先輩僧たちから水を掛けてもらいます。付き添いの人たちも囲いの外から樋に水を流していきます。その水は樋を通って青年の上に注がれる仕組みになっているのです。

そのうち私のまわりでおばさんたちの会話が始まりました。どうも式の最後に僧侶にいくばくのお金を寄進するようです。

「この日本人はお金を持ってきたのかしら」

ティアさんは、「私が出してあげるからいい」と言っています。

「それじゃあ、この人が徳を積んだことにならないから、かわいそうだ」

お年寄りはどうやらそう言っているようです。

そこで、私は暑い中お金を取りに帰りました。どれくらい寄進したらよいのかわからないので、五〇〇〇キープの束（一束五〇〇〇円）と二〇〇〇キープの束（一束二〇〇〇円）をいくつか小さな手提げ袋に入れて、お寺に引き返しました。

お金を見せると
「こんなにいらない、五〇〇キープで充分だ」

「お坊さんは沢山いるから、一〇〇キープ札にくずして一人に少しずつ寄進するものよ」

「だれか細かいお金にしてあげて」

そのうち、聖水で身を清め真新しいサフラン色の僧衣に着替えた青年僧が、先輩僧に手を引かれて講堂に向かいます。もちろん先頭は住職です。

参加していた女性たちは身に付けていたパービアン（ラオスの正装に欠かせない絹でできた肩掛け）を講堂までの道筋に敷きます。パービアンの上を歩く僧侶たちを拝み、托鉢用の鉢にお金を入れていくのです。

講堂の入口では男性の参加者たちが腹ばいになっています。僧侶たちはその上を歩き、講堂の正面に向かいます。これで儀式は終わりのようです。とにかく村の人々に助けられ、二時間くらいの「得度式」に無事参加することができました。

帰りにお世話になった方々に「うちに寄って冷たいものでも飲んでいきませんか」と声をかけると、遠慮しながらも我が家へゾロゾロ入ってきました。

ここでも、ティアさんとラッキーさんが万事とりしきってくれます。自分の家だというのに私はただウロウロするだけです。村の人々は夫が撮った「得度式」のビデオを見て大喜びでした。

その日の夕食の時には、「革命記念日のパレードは見逃したけど、貴重な経験ができたね」と夫と二人ビアラオ（ラオスのビール）で乾杯しました。【A】

第3章

村の生活——その二

17 8 '01

朝の散歩コース

比較的過ごしやすい気候の一〇月から三月の日曜日の朝は、一時間程の散歩をします。

朝食が終わった八時前後、ウンさんに見送られ出発します。まず向かうのは、チョンペット寺です。僧たちは朝食も終わり、それぞれ木陰でくつろいでいます。夫と私は講堂の前にある大きな金色の遊行仏に向かって手を合わせます。一週間無事に過ごせた感謝の気持ちです。

お寺を抜け、タドゥア通りと平行に走っている村のメイン・ストリートを街の方へ、北に向かいます。この道沿いにある家は今でも高床式の家です。涼しい床の下では機織りをしていたり、ハンモックを吊るして寝ていたりしています。床の下をレンガで囲み一階を増築している家も見かけます。木造平屋の小屋のような家も沢山あります。

その他、商店とも言えないような小さなお店がポツンポツンと建っています。売られているのは、カオコープというもち米の揚げ煎餅。これはビニールの袋に入れて軒に吊るして売っています。タイ産のお菓子もばら売りで売られています。タバコのばら売りもあります。家で栽培したらしい小さなきゅうりやネギのお店、川魚の干したものを売っているお店もあります。

どの店の品物も、市場で売られているものよりはだいぶ劣ります。ちょっとした間に合わせに買ったり、子供たちの行く駄菓子屋さん代わりになっているようです。

この道は車も通らず、時折行き交う人々と「おはようございます」「お元気ですか」と挨拶をかわしながらのんびり歩きます。お寺から一キロくらい先まではチョンペット村なので、同じお寺に通う者同士として親しみを込めて挨拶してくれます。

細い十字路の角に青い標識があって、そこから先は別の村になります。といっても、風景が変わるわけではありません。

道のつきあたりが隣村のお寺です。境内はチョンペット寺より広く、大きな木が沢山あります。しかし本堂や講堂はチョンペット寺のほうがずっと立派で、村の財力の差が表れているようです。

このお寺を抜けると、見上げるばかりのねむの木の林があります。幹には他の植物が沢山寄生しています。この木は、一体いつ頃からここにあるのでしょうか。

その先は一面の田圃です。南の方を見ると、チョンペット寺の仏塔が椰子の林の間から見えます。約四五分の散歩コースもそろそろ終わりです。

最終目的地はスワンモン市場です。この市場のラオコーヒー「カフェ・ラーオ」を飲むのが楽しみのひとつです。私たちがいつも行くのは、上品なお母さんと気の強そうなお嬢さんのやっているお店です。軒先にテーブルが三つと、椅子が何脚か置いてあるだけのお店です。

カフェ・ラーオにフランスパンを浸しながらゆっくり食べているお年寄り、市場で買物をしている奥さんを待ちながら同じくカフェ・ラーオを飲んでいるお父さん、朝からビールを飲みながら何やら議論している男性たちが先客です。

私たちが行くと、皆が詰めて席を作ってくれます。「コーヒーを二つ」と注文すると、お母さんは厚手のガラスコップに練乳をたっぷり入れます。そして茶色に染まったネル・フィルターにコーヒーの粉を入れ、側にあるかまどの上にかかったお釜から杓で熱湯をそそぐと、コーヒーを練乳の入ったガラスコップの中に流し込みます。そしてさらに、大さじ二杯くらいの砂糖を入れてくれます。

カフェ・ラーオを淹れるお母さん（スワンモン市場）

ホットコーヒーの場合は混ぜないで出されるので、練乳とコーヒーは分離しています。沈澱している練乳を自分の好みに応じて溶かして飲むことができます。ラオス人はいきなりかきまぜて甘いコーヒーを飲みますが、私はとても真似はできません。なるべくコップを揺すらないようにして、上澄みのコーヒーだけを静かに飲みます。それでもその甘さにはビックリします。そして、飲んでいるうちに、甘いだけではなくコクと深みのある味が身体にいきわたります。

そして嬉しいことに、お釜から汲んだ熱々のお湯を別のガラスコップに入れて出してくれます。このお湯はほんのりコーヒー色をしています。濃厚なコーヒーのあとの熱いお湯はさっぱりしてとても美味しく、いつも蕎麦のあと出てくる蕎麦湯を思い出します。

疲れを癒した私たちは一杯一五〇〇キープのコーヒー代を払い、帰路につきます。帰りは夕ドゥア通りの端を歩き、一五分で家に着きます。

我が家の前の道では、ご近所の人たちから「またスワンモン市場に行ってきたの」と聞かれます。初めの頃は、「市場に行ってきた」と言うのに手ぶらで帰ってくる変な人たちと思われていたようですが、この頃ではすっかり当たり前の風景になったようです。【A】

夕方の散歩コース

もう一つの散歩コースは、メコン川に夕陽を見に行くコースです。夕方我が家を出発し、のんびり歩きながらメコン川に向かいます。

水牛焼き屋のおばさん

我が家の前の道ではいつものように子供たちが走り回っています。電電公社の社宅の窓辺では若者がギターを奏でています。ソムタム屋さんの前では近所のお母さんたちが立ち話をしています。その前の水牛の肉を串にさし炭火で焼いているお店では、若い女性たちが肉の焼けるのを待っています。ちょっとしたおやつ代わりに食べるのでしょう。

このお店では三月の砂糖キビの季節になると、砂糖キビジュースを搾って売っています。昔の電気洗濯機に付いていた手回しのローラー搾り機のようなものに砂糖キビを入れ、汁を搾ってくれるのです。とろっと甘く、私の好きなものの一つです。

村の人々と挨拶を交わしながらタドゥア通りに出ます。大通りを渡り、すぐ前の小道をメコン川に向かいます。タドゥア通りを挟んでメコン川側は、チョンペット村より数段立派な家が建ち並んでいます。どの家も大きな門構えで、それぞれ凝った造りです。チョンペット村では結構立派な私たちの借家が霞んで見えます。ほとんどがレンガづくりの家ですが、中には高床式の家もあります。これがまた立派で、太いチークの木材を使い、黒光りしています。

どこの家も実のなる木を植えているのはチョンペット村と同じです。

「この家のジャックフルーツは大きいね」

「見て、スターフルーツがあるわ」

と、よその家の庭を覗きながら散歩は続きます。

小道の突き当たりはメコン川の土手です。土手添いに北の方へ行くのが私たちの散歩コースです。土手の両側はこれまた立派な家です。このあたりのレンタル・ハウスは西洋人が借りているようです。毎日メコン川と対岸のタイを見ながら暮らす生活は羨ましいと思いますが、雨季の増水を考えると身を引いてしまいます。

土手を進んでいくとお寺があります。チョムチェーン寺です。このお寺は私たちの郡、シーサータナーのボートレースの決勝地点になるお寺です。

境内にはメコン川を見下ろす涼み台があります。夕方になると人々が木のベンチに腰掛け、じっとメコンを見下ろしています。側には大きなタコブの木が数本枝を広げ、昼間は大きな日影をつくります。私たちもしばし腰を掛けメコン川に見入ります。

眼下のメコン川では、子供たちが夕方の水浴びをしています。まだ幼い見習い僧が緋色の衣を洗っている姿も見られます。

子供たちが引き上げたあと、向こう岸のタイの空が初めは薔薇色に、次に茜色に変わり、最後は紫色に染まります。そして、太陽がまるで火柱のように川面に映ります。川には夕方の漁を終えた手漕ぎの船が帰りを急いでいます。船が水面に映る夕陽の帯にさしかかり船を漕いでいる人がシルエットになった時など、まるで絵画を見ているような気がします。

しかし、いつまでも感傷に浸っているわけには行きません。日が完全に落ちる前に家に帰らなければならないからです。私たちは心を残しながらもチョムチェーン寺を後にします。

お寺の正面は小さなお店が数軒並んでいます。これはチョンペット寺と同じです。

夕陽に映えるメコン川

帰りは土手を通らず、お寺の前の道を真っすぐ進みます。暗くならないうちに人通りの多いタドゥア通りに出るためです。私たちの夕方の散歩は、いつも行きはゆっくり、帰りは慌ただしいのです。【A】

我が家の小動物たち

我が家には、沢山の小動物がいます。代表格はキーキャムと呼ばれるヤモリです。夜、玄関前の壁、天井は彼らに占領されています。ここが一番餌が豊富なのでしょう、まるまる太ったキーキャムが沢山います。

家の中も同様です。ベッドルーム、バスルームの壁に張り付き、じっと獲物を狙います。好物の蚊が飛んでこようものなら、素早く頭を持ち上げ一発でしとめます。ただ玄関前のキーキャムより小ぶりのものが多いようです。

ベッドルームには、生まれたばかりと思われる小さなキーキャムもいます。長さ二センチにも満たない赤ちゃんも、獲物を見付けると頭を持ち上げて狙いをさだめます。でも吸盤が小さすぎるのか、時々飛びかかりそこなって、壁からずり落ちてしまいます。

我が家の前を散歩する牛

初めは室内にもいるヤモリにギョッとした私でしたが、そのうちチンチョママ、チンチョパパ、チンちゃん、チョンちゃんなど名前を付けて、「あ！チョンちゃんがずり落ちたわよ」などと大きな声を出し、本を広げながら居眠りをしていた夫を驚かせていました。チンチョというのはタイ語でヤモリのことで、まだキーキャムというラオス語を知らない頃の話です。

このキーキャムを巨大にしたのがカップケーと呼ばれるトカゲのおばけのような生きものです。夜中になると、驚くほど大きな声で「トッケー、トッケー」と鳴くので、タイではトッケーと呼ばれています。大きいものは一メートルにもなります。

そのカップケーが夜な夜な我が家の庭で吠えるのです。鳴くなんて可愛いものではありません。

幸いなことに昼間は隠れていてご対面したことはなかったのですが、ある日の夕暮れ時、そのカップケーと鉢合わせしてしまったのです。シャワーを浴び、鼻歌まじりにベッドルームの扉を開けた時です。二階の居間の壁ぎわにそれはいたのです。確かに目が合いました。

私の叫び声に一階にいた夫とパソコンの先生のプイペットさんが飛んできました。プイペットさんが追い回すのですが、カップケーも必死です。夫はただ「あっちだ、こっちだ」と言いながらプイペットさんの後を付いてまわるだけです。玄関先で洗車をしていたスーカンさんも箒を片手にカップケーの前にまわり取り押さえようとするのですが、三人の男性に取り囲まれたカップケイーは狂ったように逃げ回ります。

そこへ門番小屋にいたウンさんが何事かと駆け付けてきました。私たちの騒ぎが離れた門番小屋まで聞こえていたのです。状況を把握したウンさんは、「カップケーは、悪いことはしない」とおもむろに新聞紙を広げると、後ろからそっと近付きアッという間に取り押さえてしまいました。そして静かに「庭に放す」と言って外に出ていきました。我が家のカップケーはその声に似合わず長さ三〇センチくらいの小さいものでした。

我が家を住みかにしている生きものの他に、沢山の訪問者があります。

前の池から蛙が来ます。亀も来ます。面白いことに亀が来ると、「今日は良いことがあるに違いない」とスーカンさんやノイさんは宝くじを買いに行きます。

何日か後、宝くじが当たると、当選者は近所のお店からタムマークフンと呼ばれるパパイアサラダを買ってきて、ご馳走してくれます。ベランダに車座になり、その時我が家にいる全員で食べるのです。むろん私もご相伴にあずかります。私の分は唐辛子控えめの特別注文品になっています。

タムマークフンはタイでソムタムと言われているもので、チョンペット村のお店で売っているものは、タイのものと違い、冷麦のような麺が入っています。ちょっとお腹がすいた頃に食べるのにちょうどいいのです。

そして、午後三時のささやかな「当選祝い」が終わると、スーカンさんは夫を迎えに出発します。ノイさんは再びアイロンかけに戻り、ジョイさんは五時のウンさんとの交替時間までもう一仕事と頑張ります。

蛙や亀の他にも、いろいろなものが来ます。アゲハチョウは一年中花の間を飛び回っています。道路を散歩している牛は門扉が閉まっているのでさすがに我が家まで入ってきませんが、門の前のタコブの木がお気に入りと見えて、しばらく休憩していきます。どこかの家で飼っているウズラやヒヨコは門扉の隙間をくぐって侵入してきます。「可愛い、可愛い」と喜ぶ私ですが、ウンさんやジョイさんがすぐに追い払ってしまいます。芽を出したばかりの大豆やきゅ

毒蛇を退治するジョイさん

うりをついばんでしまうからだそうです。

　でも、我が家に来るのは歓迎できる生きものだけではありません。雨季になると小さいアリが二階のベッドルームにまで侵入してくるのです。夜寝る前に、ベッドカバーを外して、小さなアリ退治が始まります。夫と二人、四つんばいになりながら、「二〇匹も見つけた」「私なんか一六匹だもんね」と競争です。アリ専用の殺虫剤も売っているのですが、何となく身体に害がありそうだと使わないで我慢していたのです。

　ある日とうとう我慢できなくなり、ノイさんに「ベッドにアリがいる」と言ったところ、「ボーペンニャン」と言いながらベッドの脚の部分に殺虫剤をかけてくれました。その晩から私たちはアリに悩まされなくなりました。よく考えればシーツに殺虫剤をかけることなんかなかったのです。アリが登ってくるベットの四本の脚に殺虫剤をかければよかったのです。

もう一つ私が嫌なものにウスバカゲロウの襲来があります。ある夜突然たくさんのウスバカゲロウが湧き立ち、網戸と木の扉を閉めているにもかかわらず家の中まで入ってくるのです。もう食事どころではありません、食器の中にまで落ちてくるのです。そして翌朝、ベランダはウスバカゲロウが層になって積もっています。一階の食堂や中二階の居間は箒で掃くほどの量です。でも不思議なことに、二階のベッドルームや居間にはほとんどいないのです。ウスバカゲロウは高く飛べないのでしょうか。

医療短期大学に勤務している友人が言うには、ウスバカゲロウ襲来の明くる日は、その油炒めを持って学校に行き、おやつに皆で食べるそうです。蛋白質の補給にはとても良いのだそうです。我が家では誰も食べることなく、集められたウスバカゲロウはごみ箱行きとなります。


【A】

アナーマイ

引っ越しが終わって一番初めにしたことは、ゴミを入れる竹籠を買うことでした。近所の雑

辞書でアナーマイの意味を調べるスーカンさん（左）とウンさん

貨屋さんで、一つ一〇〇〇キープの籠を三つ買ったのです。家庭で出たゴミは、生ゴミは無論、カン、ビン、欠けた茶碗、何でも一緒に竹籠に突っ込んで、週一度来る清掃トラックの回収を待ちます。

私たちの村では、回収車は原則水曜日に来るらしいのですが、それも気まぐれで、何日も道路にゴミの入った籠が置かれていることがあります。しかし、庭の雑草や収穫が終わって切られたバナナの木などは道路で焚火をして燃やしてしまうので、ゴミ収集車に持っていってもらう分はどこの家もそう多くはなく、週一度の気まぐれ収集でも問題はないようです。我が家でも夕方、前の道で、ジョイさんが刈った芝や枯れた椰子の葉などを燃やしています。日本でもう見ることができなくなった焚火の火や煙を見て、「いいもんだね」、「なんか、懐かしい気がするからへんね」と夫と話しています。

二月のある日、門扉に小さな赤いプレートが付いていることに気が付きました。「これは何」と門番小屋の前の椅子に座っていた我が家の人たちに聞きました。ウンさんが、「アナーマイ」と胸を張って答えます。今まで聞いたこともない単語です。

「アナーマイって何？」と聞いても、ジョイさんもノイさんもニコニコ笑うだけです。英語ができるはずのスーカンさんも、「この英語は知らない」と言います。しかたがないので、タイ語の辞書をひきました。ラオス語の辞書は日・ラオ辞書しか持っていないからです。

タイ語とラオス語は親戚のようなものなので、同じ単語が沢山あります。タイ・日辞書にはアンナマイは「衛生、保健」と出ています。次に日・ラオ辞書で「衛生」とひくと「アナーマイ」と出ています。

早速、「アナーマイはわかった。アナーマイがどうしたの？」と聞くと、「村でナンバーワンだという印です」と言います。

どうやら皆さんの話を総合すると、「清掃が行き届いている」と保健省から表彰されたようです。そして五月、清掃局のゴミ収集代金を支払ってないことに気が付き、ジョイさんに聞きました。それまでは毎月月末のゴミ収集日に、その月の代金三〇〇〇キープをジョイさんが収集車に乗ったおじさんに支払っていたのです。ジョイさんは赤いプレートを指し、「これがあるから、お金はいらなくなった」と言います。どうやら保健省からもらった赤いプレートが付いている家は、一年間ゴミ代金が免除されるようです。

そういえば、このところ、私たちの近所の家がドブさらいをしたり、ドブの上にコンクリートの蓋を付けたりしています。お向かいの家は、それまでの錆びたトタンの塀をブロック塀に替え、鉄の門扉を付けました。お隣は、草ボウボウだった裏庭をどこかで借りてきた草刈り機で綺麗にしました。きっと赤いプレートが付くことは名誉なことなのでしょう。次の年は我が家のプレートは外され、お隣のラッキーさんの家に赤いプレートが誇らしく付いていました。

【A】

村の子どもたち――タコブの実

まだ朝晩過ごしいい気候の続いている三月の夕暮れ時、ガードマンのウンさんが門の外の子供たちに何か注意しています。長い一日がやっと終わろうとしている日曜日です。退屈しきった私が、「なんだ、なんだ」とばかり門の外に出てみると、五歳から一〇歳くらいの男の子が六～七人、それぞれ身の丈にあった大きさの手製の木でできた鉄砲を持っているのです。木の実

腕白少年たちが待ちかねている巡回遊園地

を飛ばす鉄砲のようです。弾に使う木の実は、我が家の門の横にあるタコブの青い実なのです。

どうやらウンさんは、「そんなに実を取ってしまったら、お前たちの食べる分がなくなってしまうよ」と言っているようです。タコブの実は、熟すと赤くなり甘く美味しいのです。近所の子供や通りすがりのお婆さんなんかが、取って食べています。

子供たちと身振り手振りで話していると、騒ぎに気づいて家から出てきた夫が子供たちの鉄砲に目を輝かせ、お節介にもタコブの実を取ってあげました。そして、子供たちに軽蔑されました。

「おじさん、わかってないなぁ。茎を付けて取らなくちゃあ」

タコブの実は、茎を一・五センチ程残して鉄砲に挟んで飛ばす仕組みになっていたのです。子供

子どもの後ろに見えるのがタコブの木

たちはラオス語で口々に説明し、それでも理解しないおじさんに大事な鉄砲を触らせてあげています。どうやら理解した夫はタコブの枝を引っ張り、子供たちの背が届くところまで下ろしてあげました。

子供たちは、僕らの味方が現れたとばかり活気づきます。ウンさんは、もうお手上げといった感じで傍観しています。

子供たちの興奮した声に、お隣のラッキーさんも三歳の男の子を連れて出てきました。ご主人は裏の池に入って魚を追いかけています。

「今日は何をしていたの」と英語が少し話せるラッキーさんが聞くので、「仕事をしていた」と夫が答えました。台本が書き上がらず、休日返上で机に向かっていたのです。それを聞いたラッキーさん、あきれ顔で「オー」と一言。その言葉の響きには「変な人たちね、夫は仕事、マダムも洗濯物なんか干してたわ。なんで、休みの日まで働くの」という気持ちが込められています。

私たちは、村の規律を乱しているのかもしれません。これからは、村の習慣に従って休日はボーッと過ごすように努力したほうが良さそうです。

タコブの実でポケットをふくらませた子供たちは、歓声をあげながら赤土の坂道をお寺の方へ駆けあがっていきました。【A】

村の子供たち——ラオス語の先生

今日も夕方、小学校から帰ってきた近所の女の子たちが「マダーム」と言いながら我が家に遊びに来てくれました。ビスケットを食べたり、折り紙で鶴を折ったり、日本から持ってきたお手玉で遊んだり、結構楽しい時間が過ごせるのです。でもラオス語が不自由なので、お隣のホーちゃんやソムタム屋のメリーちゃんぐらいはわかるのですが、あとの子供たちは名前もどこの家の子かもわかりません。

そこで、以前近所の子供たちと撮った写真を持ち出し、ラオス語とタイ語のチャンポンで

「今日は、みんなの名前とどこに住んでいるか、教えてちょうだい」と言うと、張り切ったお隣のホーちゃん、早口のラオス語で次々に紹介を始めました。張り切りすぎて、私がラオス語がよくわからないことを忘れてしまったのです。

「もっと、ゆっくり話してくれないとわからない」と言うと、やおら自分を指し、「名前はホー、マダム言ってごらんなさい」と教師に変身しました。私が反復すると、「違う」と今度はゆっくり大きな口を開けて繰り返します。四度目くらいにやっと最後にプの音が付き、その音は発音しないで口の中で飲み込むのだと言うことがわかりました。お隣のお嬢さんはホップという名前の小学校三年生だったのです。今まで彼女は、私に名前を呼ばれるたびに、「違うんだけどな」と不満に思っていたのでしょう。

それからが、大変です。私に対するラオス語の特訓が始まりました。手振り身振りよろしく、物を指し口を大きく開けてゆっくりと言葉を繰り返します。私ができるまで決して妥協しません。

いつも「これは、ラオス語でなんと言うの」と聞くと教えてくれるまわりの大人たちは、二回教えても私が正確に発音できなければ、「これ以上違うと言ったら失礼になる。マダムがこう発音したらこの意味なんだな」と自分たちが理解すればいいと思っていたのでしょう。それにひきかえ、子供たちは容赦がありません。実に根気よく言葉の繰り返しをしてくれます。

いつも我が家に遊びにくる仲良し３人組（メリー、ウィ、ホップちゃん）

しばらくやっていて、私の方が根をあげてしまいました。そこで気分転換に大きな紙を持ち出し、我が家のまわりの地図を書いて、「ここが私の家でしょ、ホップちゃんの家はお隣、お向かいの家はティップ君の家、アイスクリーム屋さんはここ、ソムタム屋さんはここでしょ、こっちがお寺、そうするとシーちゃんの家はどこ？」と聞いたら、みんな地図を見たまま考えこんでいます。

私は、以前住んでいたタイでは、学校で地図の見方を教えないので海外留学経験のあるかなりのインテリでも地図が読めなかったことを思い出しました。ラオスも同じなのでしょうか、それとも地図をたよりにするほど広い都市ではないので地図を見る習慣がないのでしょうか。本当のところはわかりませんが、子供たちはみんな首をかしげるばかりです。

そのうちホップちゃんが立ち上がり、地図と写真を手に外に行こうと言いました。さあ、外に出ました。子供たちは私を案内して村を駆け回ります。そして、一軒の家で、ここがシーちゃんの家だ、地図に書けと言うのです。

その辺で遊んでいた子供たちも次々に参加し、いつのまにか沢山の子供たちと村の通りを行ったり来たりしています。ちょうど仕事が終わった夫が車で通りかかり、「汗かいて何やっているんだい？」とあきれ顔です。そして今日も村の一日は暮れていきました。【A】

新年のバーシー

二〇〇一年のラオ正月（四月一二日〜一七日）は、タイのチェンマイで過ごしました。我が家の助っ人の皆さんに正月休みをとってもらう必要があったからです。出発前、ドライバーのスーカンさんが声をかけてくれました。

「お帰りになったら、我が家で新年のバーシーを開きます。主賓として、是非出席してください」

「バーシー」とは、新年、子どもの誕生、結婚、送別や歓迎、新築、病気治癒などに、親族をはじめ友人、近所の人々などが集まって幸福と繁栄を祈願するラオス独特の儀式です。「バーシー・スー・クワン」とも言います。昔からラオスでは、クワン（魂）が体内にある時、人間は健康で幸福な生活を送ることができると信じられてきました。それで人々は、人生の節目や特別な行事に際して、クワンを体内に招き入れる（スー・クワンと言います）ためにバーシーを行なうのです。

チェンマイから帰って最初の日曜日（二二日）九時にスーカンさんが迎えに来てくれました。彼の自宅は、タドゥア通り一三キロメートルにあるボクの職場・農業普及庁から東に一キロメートル程行った村にあります。まわりに高床式の家が多い中で、彼の自宅はレンガを積んでセメントで塗り固めた近代的な造りです。途中でビールを五ケース、ペプシを三ケース購入し、これがボクたちのご祝儀です。

スーカンさんは男四人兄弟の長男、奥さんは女四人姉妹の長女です。奥さんの母親も姿を見せ、兄弟姉妹の家族、親戚・友人やご近所の人々など五〇人程がボクたちを待っていました。

挨拶もそこそこ、早速バーシーの儀式です。二〇畳程の居間の中央に、「パー・クワン」と呼ばれる飾り付けが用意されています。バナナの葉で作られた円錐形の本体に、花、蠟燭、竹ひごに結わえられた木綿糸が取り付けられたものです。ボクたちは、「バーシー飾り」と呼んでいました。パー・クワンの周囲には、鶏、菓子、ゆで卵、バナナなどとともにもち米とラオ酒が

お金と一緒に聖糸を結んでもらうスーカンさん

供えられています。

パービアンと呼ばれる肩掛けを着用した参加者がパー・クワンのまわりに着席すると、村の長老でもある祈禱師が参加者の幸福と繁栄を祈りつつ呪文を唱えます。ボクたちはパー・クワンをはさんで、祈禱師と正対して座っています。

途中の所作は、隣に座っているスーカンさんの見よう見真似です。時々、パー・クワンに片手を触れて祈る場面があります。その時後ろに座っている人たちは、前に座っている人の身体に軽く触れ、パー・クワンのクワンを得ます。最後にボクたちがゆで卵ともち米を片手に捧げて祈り、儀式は終わりを迎えます。

儀式の最後は、「鶏占い」です。その日の朝しめられ、塩ゆでしてパー・クワンに供えられていた鶏の喉の部分の骨を取りだし、祈禱師が運勢を占うのです。勿論、「吉」と出て終わります。

その後、参加者はクワンを体内に招き入れるために、パー・クワンに取り付けてあった木綿糸（聖糸）を取り外し、手首に結びつけ合い、「健康でありますように」、「一家が繁栄しますように」、「仕事が成功しますように」などと口々に言い合ってお互いの健康と繁栄を祈るのです。

バーシーのあとは、食事です。奥さんが街の市場で魚を売っているせいか、魚サラダ、焼き魚、揚げ魚、魚スープなど魚料理が中心でした。料理は、女性たちが朝から用意します。男たちは、宴会の用意です。暑さを避けるテントを張り、歌と踊りのためのマイク、アンプ、大型スピーカーをセットします。「マイク、アンプ、スピーカー」の三点セットは、いわばステイタス・シンボルです。村で一軒か二軒は、必ず持っている家があります。スーカンさんは、この村ではお金持ちなのかもしれません。

食事のあとは、決まって「歌と踊り」です。この日の司会は、スーカンさんの三番目の弟ブンタンさんです。「青年同盟」（ラオス人民革命青年同盟。このほか、ラオス女性同盟とラオス労働組合連盟という三つの大衆組織がある）に勤めている彼は、ＪＩＣＡの研修で日本に八ヵ月間滞在し帰ってきたばかりでしたので少し日本語がしゃべれます。求められるままに、ボクは「昴」と「上を向いて歩こう」を歌い、カミさんは「象さん」（この曲は、短くていい）を歌い、あとはラオ・ダンスです。

スーカンさんの奥さんが、口紅を手に、参加者の額と頬を赤く塗って回ります。なんとなく「性的な」匂いがします。はじめての経験でしたが、特別の意味があるのかもしれません。その間ひっきりなしに小さなバケツやホースで水をかけられ、またたくまに全身びしょぬれです。

ラオ正月は、穢れを払うため水をかけ合うところから、「水かけ祭り」とも言われます。

ボクたちは、午後一時すぎには失礼しました。ボクたちを送り届けるまで、酒好きのスーカンさんは痛飲するわけにいかないからです。

このようにして、二〇〇一年のラオ正月は終わりました。【R】

スーカンさんの夢

前にもお話ししたように、スーカンさんは一家五人で小さいながらも近代的な一戸建ての家に住んでいます。我が家でドライバーとして働き、奥さんも街のクワデーン市場で魚を売って働く共働きで、ラオスの中流家庭と言えるでしょう。

スーカンさんの過去の生活を詮索したことはありません。しかし、「はっ」としたことが二度あります。一度は、タート・ルアン近くの古刹ノンボーン寺にクメールの廃塔を探しに行った時のことです。

「僕は、子どもの頃この寺に預けられ、ここから小学校へ通ったんですよ」

スーカンさんはそう言って、「あの僧坊にいました」と指差すのです。

スーカンさんは六二年五月、ビエンチャン県の村で農家の長男として生まれました。その後三人の弟が生まれる中で、「口減らし」として寺に預けられたのでしょう。「寺」は、修行や教育の場であると同時に、恵まれない子どもを収容する施設でもあるのです。当時は王国政府とパテト・ラオが内戦を戦っていた時代です。革命政権が成立した七五年、彼は一三歳でした。七五年八月二三日のパテト・ラオ軍のビエンチャン入城を見ていたかもしれません。その後彼は、自動車のメカニックを習う学校へ行ったといいます。

二度目は、「青年同盟」の「柔道場」を見学に行った時のことです。

「ボクの家族は、昔ここに住んでいたんですよ」

「青年同盟」とは、「党」（ラオス人民革命党＝ラオス共産党の現在の名称。ラオスはこの党の一党独裁）の組織で、勤労青年たちへの授産施設があります。ボクと同じＪＩＣＡシニア・ボランティアがここで「美容」、「縫製」、「合気道」などを教えています。

スーカンさんは、八四年に二二歳で結婚しました。すぐ長男が、そして四年後に長女が生まれます。その頃彼は、「青年同盟」にドライバーとして勤めていました。そして、今の「柔道場」

が建つ前にあった「職員寮」に家族一緒に住んでいたのです。

その後九三年から、彼は日本人のドライバーとして働くようになりました。ここで給料は、数倍アップしたと思われます。最初は、ラオ・テレコムに派遣されていたM氏。M夫人からは英語を教えてもらい、今でもそれを感謝しています。次は、ラオ国営テレビに派遣されたH氏、引き続きW氏、そしてボクたちへと続きます。

九三年前後に家を建て、九四年に次女が生まれました。奥さんとの共働きで、生活は安定しているはずです。そんなスーカンさんの夢は、二つあります。

ひとつは、子どもたちの未来です。父親に似て、手先の器用な長男は、エンジニアにしたいと考えています。夏休み、二番目の弟が経営する「バイク修理工場」に預け、技術を仕込んでもらっています。長女は、教師です。理知的な眼が特長で、頭がよさそうな顔をしており、きっといい先生になるでしょう。次女は、医師にしたいと考えています。スーカンさんは、この六歳になる次女を溺愛しています。まず、公立小学校はレベルが低いといって、我が家の近くにある私立の小学校に通わせています。毎朝バイクで彼女を学校へ送ったあと、我が家に出勤するのが日課です。「髪を洗う水が冷たい」と言われれば、小型ガス湯沸し器を買い与えるほどです。「そんなに甘やかして、大丈夫かなあ」というのがボクたちの感想です。

もうひとつの夢は、自動車を買うことです。そして、「ドライバーつきレンタカー」にしたい

クリスマス・カードに同封されていた写真

のです。
その夢は、実現しました。帰国後、その年にもらったクリスマス・カードに、水色のセダン型のクルマの前で家族と一緒に立つスーカンさんの誇らしげな写真が同封されていたのです。スーカンさんは韓国製ヒュンダイの中古車を一万ドルで購入したのです。
ラオス人が一万ドル貯めるのは、大変なことです。この一〇年間、普段の生活は奥さんの稼ぎでまかない、ドルでもらう自分の給料を貯め続けたのでしょう。クルマを購入するに当たっては、弟さんに少し都合してもらったかもしれません。その後、月に二五〇ドルの契約で、日本人の送り迎えをしていると聞きました。
一〇年かけて、彼は自分の夢のひとつを実現させたのです。【R】

ドロボー騒動

四月二三日朝六時、Ａさんからの切羽詰まった電話の声で起こされました。Ａさんは女性で、ご主人と二人の息子さんを日本において単身赴任しているシニア・ボランティアの仲間です。

「明け方、台所にドロボーが三人入ったの」

「えー、ほんとですか。なるべく早く行くから」

「爆弾事件」と並行して、日本人宅をねらう「ドロボー事件」が発生していることは、ＪＩＣＡ事務所発行の「注意喚起」のペーパーで知っていました。前年の暮れに二件発生したのを皮切りに、二月、三月と続き、四月に入ってからもすでに二件発生しています。いずれも傷害に及ぶことはなく、現金、カメラ、時計など小型の物品を盗っていくのが特徴です。

「八時にスーカンさんが来るまで動きようがないわね。でも、何かしないと落ち着かないわ」

と言ったカミさんは、「火事場見舞いじゃあるまいし」と言いながら日本から持ってきた秘蔵の日本米を炊いておにぎりを作り始めました。このおにぎりは、あとで役立ちました。Ａさん宅の台所は、午前中立ち入り禁止だったのです。

Ａさんの借家は、街に近い住宅地にあり、五軒の独立した家が同じ敷地内にあるコロニー・スタイルで、入り口にある警備小屋の前がＡさん宅です。二階の寝室で寝ていたＡさんは、早朝三時半頃階下の不審な音で目を覚ましました。階下に降り、リビングから台所に目を向けたところで、台所からリビングへ抜けるドアーの鍵をこじ開けようとしているドロボーを発見したのです。あわてて二階へ駆け上がり、窓から警備小屋に向かって叫びました。眠っていた警備員もその声で目を覚まし、賊を追い払ったというわけです。

ドロボーは三人組。ひとりがバイクで外を見張り、二人が電柱を利用して塀を乗り越え、台所の外の鍵をこじ開けて侵入しました。不幸中の幸いだったのは、台所からリビングへ抜ける鍵がリビングの方からしか開かない仕掛けになっていたことです。その上、スライド・ロックも補強してありました。賊がこの鍵を開けるのに手間取っている間に、Aさんに気づかれたのです。被害は、賊が鍵をこじ開けている時にのどが乾いたのでしょうか、冷蔵庫のペットボトルの水だけで済みました。

女性のひとり暮らしで、本当は怖さにおびえていたのでしょうが、ボクたちが駆けつけたとき、気丈なAさんは落ち着いていていました。お隣に住むOさん夫妻やJICA事務所のHさんもいます。ラオス人の大家さんも駆けつけていて、警察への通報も終わっていました。

警察官は四人、九時半すぎに来ました。鑑識が指紋を調べるわけでもなく、警備員や大家さんに事情を聞き、現場をさっと見ただけで、Aさんへの事情聴取もなくすぐ帰りました。ボクたちは、作ってきたおにぎりをお昼に一緒に食べてから帰りました。

その後Aさんは、大家さんに頼んですべての窓に鉄格子を取り付けてもらうなど防犯を強化し、帰国までこのレンタル・ハウスに住み続けました。

ドロボー騒動は、その後五月上旬に立て続けに四件発生し、五月三〇日まで続きました。それまでにJICA関係者だけで未遂を含め一七件の被害がありました。しかし、六月に入ると止み、七月中旬の『ビエンチャン・タイムス』が日刊『パテト・ラオ』（七月一二日）の抄訳として「六月上旬、五人の窃盗団逮捕」という記事を載せていました。

ここで日付に注意してみてください。ラオスの日刊紙は、六月上旬に逮捕された窃盗団のニュースを、一ヵ月後の七月一二日に掲載しているのです。ボクたちは、それを抄訳した英字紙『ビエンチャン・タイムス』（毎週、火曜日と金曜日発行）でニュースを知るわけです。この一ヵ月の遅れを、政府の言論統制の厳しさの表れと見るか、のんびりしたラオス社会と見るかは意見の分かれるところです。【R】

我が家の防犯対策

Aさん宅にドロボーが入るまで、ボクの防犯意識は極めて低いものでした。しかし、親しい

鉄柵に有刺鉄線を張るジョイさん（左）とスーカンさん

Aさんが被害に遭ったのを見て、「これはいけない。なんとかしなくちゃ」と考え始めました。カミさんとて同じです。

まず初めに、家中のドアーに「スライド・ロック」を二個ずつ付け、鍵を補強しました。次に、寝室のベランダの壁に「警報ベル」を取り付け、寝室のボタンひとつで大きな警報音が出るようにしました。門番小屋には、「ホイッスル」を二個常備し、JICA事務所が貸し出した「警報用ラウド・スピーカー」も置きました。「警報ベル」も「ラウド・スピーカー」も一度テストをしてみたのですが、ご近所の人々が何事かと飛び出してくるほど大きな警報音が鳴り響きます。

五月に入ってすぐ、家の裏側の池と湿地帯に面した鉄柵に「有刺鉄線」を張りました。ドロボーが入るとすれば、ここから必ず来ると思われる場所です。スーカンさんとジョイさんに手伝ってもらい三人でやりました。しかし鉄柵には「返し」がありませんので、張れるのは一列一本だけです。これだけでは、ドロボーの侵入を防ぐことはできません。しかし、素人工事ではこれが限界です。デモンストレーション効果はあるだろうということであきらめました。

五月の末、知人のOさんとKさんが続けてドロボーの被害に遭いました。

「やはり、有刺鉄線をきちんと張ろう」これがボクたちの結論です。

今度は、大家のブンペーンさんに頼みました。いつもはケチなブンペーンさんも事がことだけに、快諾してくれました。

「ところで、家のまわりの四方全部に有刺鉄線を張りますか」

ここでボクたちは考えました。前にもお話ししましたが、我が家は大使館やJICA事務所が「こんなところには住んではいけない」という立地条件を満たしています。家の前の通りは、お寺や学校へ行く人が行き交います。裏は、池と湿地帯です。右隣は、ラッキーさん宅。左隣は、空き地からガレージに変わりました。その四方を、鉄柵が囲んでいます。その鉄柵を竹でできた目隠しで覆い、外から内部が見えないようにしている家も多いのですが、我が家はスッポンポンの丸見えです。

結論は、「裏側だけに、返しをつけて四列四本の有刺鉄線をきちんと張る」というものです。

ここに住み始めて一年近くになり、村の人々ともすっかり顔馴染みになっています。散歩の途中で出会えば、彼らの方から声を掛けてくれるほどです。村人のひとりとして受け入れてもらっているという実感があったのです。たとえ防犯上のこととはいえ、四方に有刺鉄線を張り巡らしてしまうことは、村人との間に大きな壁を築いてしまうことになると懸念したのです。戦国時代の武将武田信玄は、生涯「城」を築きませんでした。「人は石垣、人は城」と考えていたのです。ボクたちも、同じように考えたのです。

六月末には、深夜の夜警（二四時～四時）としてウンさんの次男ウイさん（一八歳）を頼み、ガードマン三人体制とし、帰国するまで治安上の不安を覚えることはありませんでした。【R】

高校生と道普請

タドゥア通りから我が家の前を通りお寺へと続くソイと呼ばれる道は、朝、昼に二回、夕方と一日四回の交通ラッシュがあります。

朝は七時半から八時の通学時間帯です。お寺の前にあるシーサタナー高校の生徒たちが、それぞれ徒歩や自転車やバイクに乗って学校に行くのです。トゥクトゥクという三輪タクシーに乗ってくる生徒もいます。学校まで自転車やバイクに乗っていく生徒もいますが、中にはお向かいのティアさんの家の庭に自転車やバイクを置いて、そこから徒歩で学校に行く生徒もいます。学校の駐輪場は沢山の自転車、バイクが置かれるために、帰宅の時に自分のものを探すのに手間取るからです。

お向かいの家にバイクや自転車を置いていくのはティアさんの高校生のお嬢さん（ケオさん）の友達たちです。我が家の筋向かいのビアラオの仲買いをやっている家に、月極めの料金を払って駐輪していく生徒もいます。この家は庭に玉突き台のある小屋もあり、放課後、男子生徒たちが遊んでいます。

次のラッシュは一一時四〇分頃から一二時、お昼ご飯のために帰宅する時間です。そして三回目は午後一時前後、午後の授業のための登校。最後が午後三時半すぎの下校時間帯です。

普段静かな我が家の前の道は、この四回の交通ラッシュ時間には、バイク、トゥクトゥクの騒音にまじり生徒たちのおしゃべりや笑い声でかなり賑やかになります。夫はこのラッシュ時を避けて通勤しています。のんびり歩く生徒やバイクが道を占領しているために、車がなかなか前に進めないからです。

登校する生徒の服装は、男子生徒は白い開襟シャツに黒の長ズボン、女子生徒は白のシャツに紺に白い裾模様のあるシン（伝統的な巻きスカート）姿です。足元はサンダル履きだったり、スニーカーだったり、まったく自由なようです。

毎日観察していると、週何回かは、二割くらいの生徒が青いシャツを着て登校する日があります。あとの生徒はいつもと同じ白いシャツです。夫が日本語を教えているラオス国立大学の学生のヤックくんに聞いたところ「あれは青年同盟の制服です。勉強ができ、品行方正な生徒が着ることができるのです。毎週月曜日と金曜日に着ます。僕も高校生の時着ていました。僕は一番有名なビエンチャン高校でしたけれど」と誇らしく答えます。

「外見から生徒を差別するなんて」と思うのですが、これがラオスのやり方なんでしょう。玉突きをしたり、アイスクリーム屋に寄るような子は青いシャツは着られないようです。


五月のある日、お向かいの家のベランダに村の男性が七人くらい椅子に腰掛けてボーッとしていました。男性が数人ベランダにいる時につきもののお酒がないようです。めずらしいこともあるものだと思いつつも、私には関係ないと、台所に下りていき夕食の準備にとりかかりました。

四時すぎに、いつものように夫が帰宅しました。冷たいものを飲んで、シャワーを浴びるのがいつもの日課です。でもその日は二階に上るひまもなく、ジョイさんが「お客さまです」と言ってきました。玄関に出てみると、さっきまでお向かいにいた男性たちが少し緊張した面持

道普請（我が家の前の道で）

ちで訪ねてきたのです。お向かいのご主人と我が家の大家さんが先頭です。

お向かいのご主人に言われ、私たちの知らない男性が片言の英語で話しはじめました。どうやら、カオ・パンサー（入安居）の前に道路を整備しようとしているようです。そのための寄付集めに、村の役員たちが揃っておいでになったようです。

道路のデコボコに悩まされている夫は、「わかりました。皆さんはどれくらい出しているのですか」と聞きました。

「バイクだけの家は五ドル、ピックアップ・トラックの家は二〇ドル、大型トラックを持っている家は五〇ドルが目安です」

「それなら、わが家は四輪駆動だから三〇ドルでどうですか」

「お宅はお金持ちだから、四〇ドル出してくれませんかね」

はじめから、外国人はお金持ちだから四〇ドルは出してもらおうと相談してきたようです。朝夕、ビールのケースを積んだ大型トラックが出入りする家が五〇ドルで、わが家が四〇ドルはちょっと不公平かと思いましたが、日頃お世話になっている村の人たちのためです。その場で四〇ドルを払いました。

肩の荷をおろした皆さんは、「親戚の者が日本に行ったことがある」とか「日本人の中村さんを知っているか（一〇年前にラオスにいた人だそうです）」とか、日本に関する精一杯の話をしだしました。そして口々に「コープチャイ・ライライ」とお礼を言い、門を出ていきました。きっとこのあとどこかの家のベランダでお酒を飲みながら、「今日は緊張したな」、「でも話が通じてよかったよ」と話すのでしょう。

明くる日の午後から道普請が始まりました。最初にお寺からレンガやコンクリート・ブロックの破片などを手押し車に乗せて運び、道に空いた穴の中に入れていきます。これをやるのは、お寺に住んで雑用をしている男の人と近くの子供たちです。

次の日、トラックが砂利を積んでやってきました。村の役員の指示のもとに、近所の人たちが昨日入れたレンガやブロックの上に砂利を入れ、表面をならしていきます。誰でも自分の家の前を特別丈夫にしたいものです。それを調整するのが役員の仕事です。

それにしても、我が家の前の道はほとんど高校生たちが使っているのに、なぜ生徒たちは手伝わないのでしょうか。せめて青い服を着た優等生だけでも手伝ってくれればいいのにと思いました。そして今朝も砂利の敷かれた道を高校生たちが登校していきます。【A】

お盆のちまきづくり

ラオスでも八月には「パァダァドディン」という「お盆」があります。前日はどこの家でも、お寺に寄進するためのカオトムと呼ばれる「ちまき」作りに精を出します。我が家でも午前中トンカンカム市場に「ちまき」の材料を買いに出かけました。

材料といってもたいしたものではありません。ココナッツ売り場に行って「二つ分のココナッツを下さい」と言うと、お店のお姉さんがすでに表面の皮と水分を抜いてあるココナッツをナタで割って、果肉の白い部分（胚乳）を電動のココナッツ粉砕機でひいてくれます。そして粗い粉状になったココナッツをビニールの袋に入れてくれます。

「ちまきの中身の材料は、買わなくていいの」と聞く私に、ノイさんは、「家に□△☆があるからそれを入れようと思います」と言います。□△☆の部分が聞き取れなかったのですが、家にあると言うならそれでいいかと聞き流したのです。そしてお寺に持っていく花とコンデンスミルクやお菓子などのお供物を買って帰ってきました。

家ではジョイさんが庭のバナナの葉を取り、ハサミで四角く切っています。ノイさんは買ってきたココナッツの粗い粉を小量の水と一緒に搾ってココナッツミルクを作ります。出来上がったココナッツミルクで炊いたもち米に具を入れ、バナナの葉で巻いたものが「ラオス式ちまき」です。

午後、我が家の「ちまき」の中身は何だろうと台所を覗いた私は驚きました。なんと私が大切にしていた日本産の「あずき」が水に漬けてあるのです。私が聞き取れなかった「□△☆」は「あずき」のことだったのです。

そういえば、ラオスにも「あずき」があるのです。日本のより皮が堅く、前に「ぜんざい」を作ったところ、いくら煮ても皮がザラザラして、「これは『こしあん』にしないと食べられないね」と話したことがありました。

普段、やたら使ってもらっては困る日本食の食材は、二階にある私専用の冷蔵庫か戸棚にしまってあるのですが、まさかあずきなんかは使わないだろうと台所に置いていた私が悪いのです。おまけに三ヵ月も台所に置きっぱなしになっていたので、ノイさんが使うのはしかたがないことだとは思いつつ、ため息が出てしまいます。

「ちまき」づくりの手本を見せるラッキーさん（左）とティアさん

一家に台所仕事をする女性が二人いると大変なのは、世界中どこでも同じです。ノイさんが明日のためにと乾し椎茸を水に戻していたのに、私が夕食に使ってしまい、台所からノイさんの「マダーム、椎茸知りませんか」と声がかかるのは日常茶飯事です。私としては、使ったあと新しい椎茸を戻しておこうと思うのですが、つい忘れてしまうのです。

我が家の「あずき入りちまき」が出来上がる頃、お向かいのティアさんの家から「豚肉入りちまきです」と熱々のものが届きました。

そして薄暗くなった頃、お隣のラッキーさんの家で「ちまき」作りが始まりました。ベランダにテーブルと椅子を出し、ご近所の女性が集まってワイワイやっています。さっき我が家に「ちまき」を届けてくれたお向かいのティアさんもいます。

大人たちを取り囲んで小学生の女の子たちも一緒です。なぜお隣だけに村の女性が集うのかはわかりませんが、「マダムもいらっしゃい」と声をかけてもらい、私もちまき作りの仲間に入れてもらいました。バナナの入った甘い香りのする蒸かしたてのもち米を、菜箸一本を使って器用にバナナの葉で巻いていくのです。

何回もお手本を見せてもらい、ようやくちまきらしい形になった時には、日はとっぷり暮れていました。どうやら各家庭御自慢の「ちまき」があり、それを子供たちに伝えようとしているところに私も参加させてもらったようです。

翌日、七時にはお寺に「ちまき」を持っていかなければならないので、六時前に台所に下りていきました。もう誰かいるではありませんか。

「明日はお寺に行くから早く来る」と言っていたノイさんかなと思っていたら、なんとお隣のラッキーさんが昨日一緒に作った大量の「ちまき」を持ってきていたのです。他人の家の台所に六時前から入り込んで、「ちまき」を持ってきたついでに、お寺に持っていくお花やお線香、お供物がきちんと揃っているか点検していたのです。もし、足りない物があったらすぐに自分の家から持ってきてくれるつもりです。これがラオス人の普通の生活なのです。

ずいぶん前に招かれたラオス式パーティーで、同じコップでお酒を飲まされ、「これで私たちは親戚だ」と言われたことがありました。その日から、ウンさんもジョイさんもお隣とお向かいの奥さんが訪ねてきた時は、何時でも門を開けて中に通しているのです。知らないうちに私には妹たちができたようです。

そうこうするうちに、自分の家で蒸かしてきたもち米を持ってノイさんが出勤してきました。「マダーム、まだ着替えてなかったの、昨日選んであげたシンをはいて下さい」と言われ、ラオス女性の正装をさせられた私は、ノイさん指導のもとに、家の鬼門にあたる所にお供え物をしてお祈りをしました。

その後、花やちまきなどのお供物を持ち、泥んこ道に足をとられながらヨロヨロとお寺に向かいました。お寺の門の近くには、蓮の葉やバナナの葉の上に食物が乗せられ、犬や牛に振舞われています。上座仏教(小乗仏教)は輪廻転生の考え方です。亡くなった親戚が犬や牛に生まれ変わっているかもしれないのです。それより自分の来世の姿なのかもしれません。そのためにすべての生きものに食物を分け与えるのが、お盆の大事な行事のひとつなのでしょう。

お寺の講堂では、いつものとおり僧侶の読経と村の人たちによるお供物の寄進が行なわれていました。家に残った大量の「ちまき」は、ちょうどその日バンコクに住んでいる知り合いの日本人一七名がラオス観光に来たので、皆で食べました。一番人気は、お隣の「バナナ入りのちまき」でした。我が家の「日本産あずき入りのちまき」の評判は最下位でした。【A】

末子相続

ラオスは一見、男尊女卑の社会に見えます。お寺の行事では、男性が前に座り、女性は後ろのほうで慎ましく控えています。村の相談事も、役所や銀行に行ったりする対外折衝も全部男性の仕事です。しかし、実情は…。すべての実権は女性が握っているのです。

わが家の大家ブンペーンさんは、とても気のよいおじさんです。半年ごとの家の契約更新の時、普段のランニングと短パン姿からワイシャツに長ズボンというよそ行きに着替えてわが家にやってきます。

ラオスでは、家賃は半年か一年の前払いです。私たちは大金を現金で支払うため強気です。更新のたびに、クーラーを代えてほしいとか、ベランダにテーブルと椅子を備えてほしいとか要求を出します。ブンペーンさんは、いったん私たちの条件をすべて呑んで帰ります。そして、しばらくするとブンペーンさんの奥さんが現れて、私たちの要求の半分は削られてしまうのです。

お向かいの家も女性主導です。一時帰国から帰ると、ささやかな日本のお土産を持っていきます。出てきたご主人に渡そうとすると、ひと言「妻に渡して下さい」

実はラオスの庶民は、女性の末子相続なのです。男性は入り婿です。末娘以外の姉妹は婿を

奥さんの家に同居しているジョイさん一家（奥さん宅で）

とり、親の近くに家を建てて、末娘を助けながら両親の面倒をみます。男性の実家に女性が入る時は、高額な結納金を妻の両親に支払わなければならないからです。

ドライバーのスーカンさんは三人の子持ちです。上の二人は公立学校に通わせ、末娘だけお金のかかる私立の学校に通わせています。末っ子で可愛いことと、スーカンさんの収入が多くなったこともあるでしょうが、本当の理由は彼ら夫婦の老後が末娘にかかっているからなのでしょう。

ガードマン兼庭師のジョイさんは二四歳です。幼なじみだった同い年の奥さんと二歳の女の子と共に、奥さんの実家に住んでいます。奥さんは、女性五人、男性一人の六人兄弟の上から二番目です。一番上のお姉さんは両親の家の隣に家を建て、夫と子どもたちと住んでいます。

ジョイさんに、「奥さんの両親の面倒は、いくいくは一番下の妹さんがみることになるの？」と聞くと、「この頃は末娘がみるとは決まっていません。経済的に一番豊かな夫を持った娘が両親の面倒をみることが多くなりました。だから妹たちがみんな結婚してみないとわからないんです」と言っていました。

ジョイさんは現在、奥さんの相続した土地に家を建てるべく奔走しています。奥さんの妹たちがそろそろ結婚適齢期になったので、今まで同居していた高床式の奥さんの実家を出なければならないからです。

彼は現在給料のほとんどを、レンガ、セメントなどの建築資材購入のために投入しています。ある程度資材が揃ったら、休日を利用して自分で家を建てるのです。もちろん親戚、友人の手助けがあります。本職の手を借りるのは、必要最低限に抑えます。ジョイさんの建てようとしている家は、今流行のレンガ造りの平屋です。高床式の家は太い木材が必要ですが、森林伐採が進み、今や木材は高価なものになっているのです。

ラオスでは、農業中心の自給自足の生活から、公務員や数少ない民間企業の社員、外国人の家の運転手やガードマンなど現金収入の道も開かれてきました。それに伴い親たちから離れた土地に家を構えるニューファミリーも出現し、ラオスの家族形態も変わりつつあります。しかし、「目上を敬い、持てるものが持たざるものを助ける」という昔からの考え方は健在です。【A】

オーク・パンサーと灯籠流し

雨季の間続いた僧侶のおこもり修業が終わる日「オーク・パンサー」（出安居《であんご》）の夜は灯籠流しの日です。早朝オーク・パンサーをお祝いするお供物を持ってお寺に行きました。

この頃は、村の人々も私のシン姿を見慣れたようで、あまり目立たず儀式に参加できました。お寺からの帰り道ティアさんに「今夜は、灯籠流しでしょ」と聞きました。ティアさんは「行ってみたいの？」と聞き返します。

「行ってみたいけど、どこでやるのかわからない」

「お寺でやるのよ、一緒に行ってあげるわ。今晩七時に行くからね」

「用意しておく物はあるの」

「ボーペンニャン」

家に帰って皆に話すと、スーカンさんが「今夜車を出しましょうか」と言います。

「ティアさんが連れていってくれるから大丈夫よ」

スーカンさんはけげんな顔をしました。

その日は早々と晩ご飯を食べ、シャワーを浴びシンに着替えました。午後七時、そろそろ行く時間だと思い、玄関のドアを開けました。なんとお向かいの家のベランダの手摺りにズラリと蠟燭が灯り、それは幻想的な雰囲気です。筋向かいの家もお隣もみんな蠟燭を灯しています。「灯籠流しの日は蠟燭を灯すのがしきたりなんだね、それにしても奇麗なもんだ」、「うちもやりましょうよ」と早速蠟燭の束を持ち出しました。ラオスに住んで一年四ヵ月、我が家でも仏様にお供えする黄色い蠟燭は常備するようになっていたのです。

ご近所を真似て蠟燭に火を灯しベランダの手摺りに立てようとするのですが、これがすぐに倒れてしまいなかなかうまくいきません。それを見ていたウンさんが走ってきて、「私がやりましょう」と言ってくれます。たちまち我が家のベランダも蠟燭の明かりに照らされました。

そこへティアさんが、末息子ティップ君を連れてお迎えに来てくれました。ティップ君は我が家の庭で花火を上げてくれます。まだ六歳なのに、自分でマッチをすり、打ち上げ花火に火をつけます。あちらこちらの家から花火の音が聞こえます。我が家の打ち上げ花火が終わりました。

ウンさんは「留守番はウイに任せて、私が一緒に行きましょうか」と言います。「大丈夫よ、近いから」と断り、ティアさんと門を出ました。門の外にはお隣のラッキーさん、義理の妹さんとその子供たちが待っていました。

「さあ、行きましょう」と向かった方向はチョンペット寺とは反対方向です。

「お寺じゃなくて、メコン川に行くの?」

「メコン川の側のお寺に行くのよ」

私たちは誤解していたのです。お寺といえばチョンペット寺のことだと思い、お寺にお参りしたあと、我が家の近くにある池に灯籠を流すのだとばかり思っていたのです。ティアさんたちは、私たちが誤解していたなどとは知らずサッサと歩きます。途中でお惣菜屋さんのソパポンさんと子供たちも合流しました。灯籠流しは女性と子供だけの行事なのでしょうか。蠟燭を灯した家々の間を歩く一五名程の中で、大人の男性は夫一人だけでした。

タドゥア通りに出てみると、商店では二メートル位の長い船形の蠟燭立てに沢山の蠟燭が灯っています。この時間になるといつもは静かになるタドゥア通りも今夜は交通量が多く、皆で手を繋いで渡り、真っ暗な道をメコン川を目指しました。隣のお寺だと思っていた私はサンダル履きです。懐中電灯も持っていません。ご近所の皆さんは夜目がきくのか平気で歩いていきます。子供たちは夜の外出に興奮し、追いかけっこをしながら行きます。私は何度もつまずきながら懸命に皆さんのあとを追います。

「車を出しましょう」と言ったスーカンさん、「一緒に行きましょうか」と言ったウンさんたちを断ったのを少し後悔しました。ずいぶん長いこと歩いて着いたお寺は、今まで私たち夫婦が来たことのないお寺でした。

お寺の門前でお花とカトーンと呼ばれる灯籠を買いました。これがズッシリと重いのです。

カトーン（灯籠）を手にしたご一行

椰子の木を輪切りにして、バナナの葉と花と蠟燭、お線香で飾ってあります。タイでも「ローイ・カトーン」という灯籠流しをしますが、私たちがタイに住んでいた頃のカトーンは発砲スチロールでできていて軽いものでした。タイでは今これが河川の汚染に繋がると問題になっているようですが、このあたりのカトーンはすべて自然の物でできていて汚染の問題はないようです。

境内に入って真っ直ぐに進み、メコン川のほとりに行って驚きました。川に降りる階段はなく、皆さん土手を滑り下りて川岸までいくのです。唖然として見ている私の側に、いつ来たのかティアさんの長男ポーン君が立っています。私が川岸まで降りるのは無理だと判断して、代参してくれると言うのです。

流れの速いメコン川に落ちて皆さんに迷惑をか

けるわけにはいきません。代参をお願いしました。急斜面をあっという間に滑り降りた彼は、手振りで合掌しなさいと合図をして、私の灯籠を流してくれました。私の灯籠は蠟燭の火を灯し、他の沢山の灯籠と共にメコン川の闇のなかに消えていきました。

灯籠流しも終わり、帰ろうとする私を、皆さんは屋外にいらっしゃるお釈迦さまのところまで連れていってくれました。お寺まで来てご挨拶しないのは失礼なんだと思い、お釈迦さまにお花とお線香を供えてお参りしました。

さあ今度こそ帰るぞと思っていたら、再び皆さんに止められました。なんだかわからないけれど、これから何かが始まるらしいのです。沢山の人たちが花と蠟燭を持って立っています。なにがどうなっているのかさっぱりわかりませんが、こうなったら御近所の人たちに従うしかありません。小さな子供も辛抱強くただひたすら何かを待っています。

やがて境内の明かりがいっせいに消えました。そして読経と共に、火を灯した蠟燭を持った僧侶たちが講堂から出てきました。ボーッと立っていた私は、ティアさんにシンの裾を引っ張られ、慌てて跪《ひざまず》き、合掌しました。

私たちの前を僧侶の行列が進みます。僧侶たちの行列のあとに蠟燭と花を手にした人々が連なります。行列は仏塔のまわりを時計まわりに進みます。私もご近所の人たちを見失わないようにあとに続きました。時折、風で蠟燭の火が消えると、側にいる見知らぬ人が自分の蠟燭をそっと差し出し火を点けてくれます。

ラオスの人々の間に日本人を見付けました。三日前に、日本に帰国する友人のバーシーで会った青年海外協力隊の女性です。塔を回りながら、「こんな所で日本人に会うなんて思わなかったわ」と妙に感激しあいました。

塔のまわりを三回巡って、行列は先程お参りしたお釈迦さまの前に行きました。ここで手に持っていた蠟燭を船形の蠟燭立てに立てて、儀式は終わりです。

私たちは再び真っ暗な道をチョン。ペット村目指して帰りました。帰り道は子供たちもただ黙々と歩きます。きっと疲れたのでしょう。家々の蠟燭はすでに消え、椰子の木の間に見える満月の下、虫の声とジャリ道を歩く私たちの足音だけが響いていました。【A】

第4章 ビエンチャン観光

友人の大学生の息子さんがビエンチャンに遊びに来て、夕食を一緒にしている席でため息をつきながらこんな話をしていました。

「朝、自転車を借りて午前中二時間、午後二時間市内を巡ったら、もう見るべきものはありませんでした」

二年間の滞在中、何組もの友人・知人たちが日本から遊びや仕事でビエンチャンを訪ねてくれました。その都度市内を案内するのですが、一日しかもちません。

午前中、暑くならないうちに「タラート・サオ（朝市）」へ行って買い物をし、ビエンチャンの象徴「タート・ルアン」にお参りをします。

昼食まで時間があれば、「アヌサワリー（記念塔）」に登り、豊かな木々におおわれたビエンチャンの街の眺望を楽しんでもらいます。

昼食後は、古刹「ワット・ホー・パケオ」と「ワット・シーサケート」を訪ね、ビエンチャンの歴史と文化財のお話をします。これで大体終わりです。

女性の場合は、このあと「絹織物の工房」に案内するという方法がありますが、絹織物への関心の薄い男性の場合はお手上げです。あとは、建国の英雄カイソン元大統領の資料を展示した「カイソン博物館」か革命戦争時の資料が中心の「国立博物館」しか思いつきません。

滞在が長期に及ぶ場合は、郊外へ出かけることを考えます。例えば、ラオスの松島と言われるナムグム・ダムへ魚を食べに行くか、製塩（岩塩）工場を見学に行くしかありません。それでももたない場合は、我が家から歩いて「村の散歩道」を案内し、これは好評でした。ラオス人の日常生活を目にすることができるからでしょう。

これからボクたちの眼から見たビエンチャンの観光スポットをご紹介します。【R】

タート・ルアン

タート・ルアンの仏塔が一番美しく見えるのは、午後二時頃だと思います。アヌサワリー（記念塔）からタート・ルアンに向かう時、黄金の仏塔が西に向かう午後の斜光を受けて輝く時間なのです。

ビエンチャンの象徴、あるいはラオス人の心の支えとさえ言われるタート・ルアンの起源は、紀元前三世紀、インドのアショカ王の使いが仏舎利（ブッダの骨）を納めるためここに仏塔を建てたことに始まると伝えられています。

九～一三世紀、ここはアンコール王国の支配下にありました。その時代には、クメール式の仏塔が建立されたことでしょう。記録として残っているのは、ルアンパバーンからビエンチャ

セタティラート王像とタート・ルアンの仏塔

ンに遷都したセタティラート王（在位一五四八〜七一年）が一五六六年に再建したというものです。その後、一八二八年、「アヌ戦争」に際しシャム（タイ）の攻撃で焼かれ、一八七三年ホー族（中国）の進攻で破壊されましたが、一九三一〜三五年にフランスの支援で本格的に修理され、現在の姿になりました。

広場を突っ切って進むと、入り口（西口）の手前にセタティラート王の立派な像がまつられています。セタティラート王は、父王ポーティサラート王（在位一五二〇〜四八年）とランナー王国（チェンマイ王朝）の王女の間に生まれました。この二王の時代がランサーン王国の勢力が最も伸張した時代です。ランサーン王国は、一四世紀にはじめてラオスに建国された王朝で、ランサーンとは「一〇〇万頭の象」という意味です。セタティラート王は、ランナーとランサーンを共に治める王として石碑を残しています。今なおラオスと北タイ地域が文化的遺産を共有し合っているのはこのためです。

タイのアユタヤ王朝との友好・不可侵も誓い合っています。背景には、ビルマの軍事的発展がありました。ビエンチャンへの遷都も、ルアンパバーンがビルマ軍の進路に当たるという理由からでした。セタティラート王は、常勝ビルマ軍を追い返しましたが、その死後の一五七四年、ビエンチャンはビルマ軍に攻略され、その後混乱が続きます。

入り口で三〇〇キープを払い境内に入ると、仏塔を取り囲む広場になっており、正面に祭壇があります。ボクたちは、入り口で花、線香、蠟燭を買い求め、まずここで祈りを捧げます。カミさんが作法通り祈願したあと、皆もそれにならいます。

そのあと暑さを避けて、回廊を時計回りに回ります。回廊には、ラオス全土から出土した仏像などが無造作に並べられています。いずれも傷みがひどく、中には美術的に価値の高いものもあるようですが、説明板もなく素人のボクたちにはわかりません。

仏塔は、高さ四五メートル、基壇の外壁の一辺は約六〇メートルの四角形で、蓮の花をモチーフに三層の造りです。第一層は一般の人々、第二層は高僧、第三層は王族しか入れないことになっていました。

東に面した第一層の基壇のテラスに、蓮の文様が描かれた高さ二メートル程の石碑が置かれています。アショカ王の碑と伝えられ、修理の際仏塔の中から出てきたと言われますが、定かではありません。

そして、テラスをふさぐようにラオス様式の屋根のお堂もあり、仏像がまつられています。今、観光客は西口から出入りしますが、正式な出入り口はここ東口かと思われます。「タート・ルアン祭り」の日、高僧や政府高官は東口から出入りし、東側の基壇テラスに並んでいました。タート・ルアンには、僧侶がいません。かつてセタティラート王は、東西南北に四つの寺を建てたといいます。しかし今では、北寺と南寺の二つを残すのみです。そして北寺に、ラオス仏教界で最高位の僧侶が住んでいます。【R】

アヌサワリー

アヌサワリー（記念塔）は、ビエンチャンの目抜き通りで、大統領官邸・迎賓館からのびるランサーン通りの北端にあります。内戦で戦死した兵士の霊をまつる戦没者慰霊塔です。正式には、パトゥーサイ（凱旋門）と呼ばれています。

パリの凱旋門に似せて六〇年代から建設が始められましたが、今なお未完成です。外観こそ

建国25周年記念を祝う幕に飾られたアヌサワリー（記念塔）［撮影：渡辺和夫］

パリの凱旋門に似ていますが、内部の天井や壁、そして塔のモチーフは仏教やヒンズーの神々に満ちています。

入り口で一〇〇〇キープ払い、階段を上ります。エレベーターは、当初設置予定があったようですが、いまだに完成していません。エレベーターを上下させる穴だけが完成しています。したがって、ひたすら階段を上ります。最初のフロアーには、何にもありません。コンクリートの壁が剝き出しになっており、出土した仏頭などの遺物が隅の方にころがっています。

次のフロアーは、お土産屋さんです。Tシャツ、絵葉書、絹織物、骨董などが中心です。値段は高くありません。観光地のお土産屋さんは値段が高いのが相場ですが、タラート・サオ（朝市）の店と同じ値段です。ボクたちが案内した日本からのお客さんの中には、ここで買い物をする人もいました。いったん狭いテラスに出てまた上ると、次は銀製品の店が並んでいます。その上がやっと屋上テラスです。

見所は、なんといっても屋上のテラスから眺めるビエンチャン市内の展望です。南側には、ランサーン通りと大統領官邸・迎賓館、そしてメコン川が望めます。北側には、タート・ルアンの黄金の塔が輝いています。

東側と西側には、木々に覆われた街が一望できます。火焔樹の赤い花やチャンパー（ラオスの国花）の白い花が目に沁みます。市内には七階建て以上のビルがありませんから、この屋上テラスが、一〇〇〇キープさえ払えば誰でも上ることができる一番高い場所かもしれません。実は、屋上テラスの更に上には、螺旋階段で上る小さな展望台があります。高所恐怖症のボクは、残念ながら上ったことがありません。

東側の壁面の高さ二〇メートル位のところに、大きな「蜂の巣」があります。ボクたちが滞在した二年間、誰ひとり取り除こうとしません。こんなところにも殺生を嫌う仏教徒ラオス人の心根のやさしさを見る想いがしました。【R】

タラ・サオ

タラート・サオ（朝市）は、その規模と商品の量などすべてにおいてラオス最大の市場です。ラオス人が言うと「タラ・サオ」と聞こえます。タラートの末子音のTを口の中で飲み込むからです。

建物は三棟に分かれていて、正面から見て右側が雑貨、文具、銀製品などのお店、左側が絹製品、工芸品などの観光客にも喜ばれそうな品物を売っています。

その二棟をつなぐ後ろの棟には、電化製品や時計などを売るお店があります。二階は靴や衣料品などと貴金属を売る店です。これらはすべて個人商店です。

真ん中の独立した棟は、ここだけうっすらと冷房が入っていて、正面には「ビエンチャン・デパートメント・ストア」と英語で書いてあります。ここも他の二棟と変わらない物を売っていますが、一つのお店の売場面積が広く、本物かどうかはわかりませんがルイ・ヴィトンのハンドバッグなどが置いてあります。

一応生活に必要なものはここで揃います。しかし、タラ・サオでは生鮮食料品は扱っていません。それがかえって高級感につながり、沢山の人たちが訪れます。特に日曜日は、ほとんどの商店がお休みの中で営業しているタラ・サオは、観光客や会社勤めをしている人で大賑わいです。

私たちも引っ越してすぐ、ここに買物に来ました。食器やトースター、たらい、バケツなどすぐに必要なものを揃えに来たのです。それからひと月位は、ベッドシーツや台所用品など足りないものを買いに通いました。しかしその後、あまり行かなくなってしまいました。日用品は毎日のように行っているトンカンカム市場で充分間に合うことがわかったからです。

普段お寺に行く時身につけるシンやパービアンの絹の生地も、タラ・サオの前にあるクワデーン市場の方が安いことをノイさんに教えられました。パーティーやお寺の大切な儀式の時の上等なシンや上着の布を買う時は、直接織物工房に出かけることも覚えました。

ビエンチャンにはいくつもの絹織物の工房があり、そこに行くと染色の段階から機織りまで見ることができます。草木染めなどの天然染料か科学染料かも自分の目で確認できます。そしてなんといっても快適なのは、冷房の効いた部屋でお茶を飲みながら、ゆっくり布を選べることです。

パリに支店を出していて、ショールやクッションカバーなどを草木染めで作っている「ニコン」、透ける紗を作る「ペンマイ」、日本にも進出していて織物博物館の建設を予定している「カンチャナ」、伝統的な柄を中心にした「チンダー」など、大小数えきれない工房がそれぞれ特徴を表に出しています。ほとんどのお店が英語、フランス語が通じるために、外国人のお客さま

絹織物コーナー（タラート・サオ）

が多いようです。

工房の難点は、日曜日がお休みのことと、ほんの一部のお店を除いて中心街から外れた民家の一室をショールームにしているため、観光客が自力でお店を見つけるのが難しいことです。住んでいる私たちでさえ、あっちこっちとウインドー・ショッピングのはしごをするには時間がかかりすぎて一度にはできません。

したがって、時間に制限のある日本からのお客さまをご案内する時、沢山のお土産を揃える一時帰国直前、そして今どんなシンが流行っているかなどファッションの傾向をチェックする時は、どうしてもタラ・サオに出かけます。やはりタラ・サオはラオスの唯一、最大のデパートです。【A】

ワット・ホー・パケオ

大統領官邸・迎賓館の隣にあるワット・ホー・パケオは、一五六五年セタティラート王が「エメラルド仏」を安置するための王宮寺院として建立しました。現在、タイ・バンコクの王宮寺院（エメラルド寺院）に安置されているエメラルド仏は、元々はこの寺にあったのです。

高さ六六センチ、ヒスイ製のエメラルド仏の由来は、伝説につつまれています。もともとタイ北部のランナー王国（チェンマイ王国）に伝えられていたエメラルド仏を、セタティラート王の父王ポーティサラートがランナー王を兼ねた時、王都ルアンパバーンに移しました。そして父王を継いだセタティラート王が一五六〇年ビエンチャンに遷都するにともなって、エメラルド仏もビエンチャンに移されたのです。

それから二〇〇年以上の長きにわたり、エメラルド仏はこの寺の本尊でした。しかし、一七七九年に、当時のタイ・トンブリ王朝のタクシン王と後にラーマ一世となるチャクリー将軍率いる軍勢がラオス進攻の際に戦利品として持ち帰り、以後タイがそのまま所持し続けているのです。

その後、一八二八年の「アヌ戦争」の時、この寺は進攻してきたシャム（タイ）軍の手で破壊され、フランスの支援で今の姿に再建されたのは一九三六〜四二年でした。

日本からの友人を案内し、何回も訪れたワット・ホー・パケオ［撮影：大森房子］

現在この寺は、博物館として公開されています。正面のテラスには、クメール（アンコール王朝）の碑文や奇怪な文様が彫られた境界石などが雑然と並んでいます。解説板がないので、詳しいことはわかりません。

内部への入り口は、裏側にあります。入り口の前にはブロンズの大きな「雨乞い仏」が安置され、これが一番の見どころだと思います。両腕を両脇に沿ってのばし、長い乾季のあと雨が来て「ほっと」されているラオス独特のお姿と言われます。

内部には、国内各所から集められた仏像などが所狭しと並んでいます。系統だてて陳列されているわけではなく、説明板があったにしてもフランス語とラオス語で、素人にはわかり難いのが難点です。自分の好みで見るしかありません。

ボクのお薦めは、一三世紀初頭アンコール王朝のジャヤバルマン七世（在位一一八一～一二二〇年?）が設置した「施療院」の石碑です。ジャヤバルマン七世は、アンコール・トムの造営で知られる王です。ビエンチャン近郊から出土した高さ七〇センチ位の小さなものですが、当時アンコール王朝の支配がラオスに及び、病院まで建てていたことがわかり、興味を覚えます。残念ながら「撮影禁止」のため写真をお見せすることができません。【R】

ワット・シーサケート

ワット・シーサケートは、ワット・ホー・パケオの向かいにあり、一八一八年ビエンチャン王朝のアヌ王（在位一八〇四～二九年）によって建立されました。現存するビエンチャン最古の寺院で、市内で唯一建立された当時のままの姿を保っています。

ここで疑問がわきます。一八一八年建立の寺院が、なぜ最古の寺院なのでしょうか。「アヌ戦争」（一八二七～二八年）による「戦禍」のためです。

一七七九年に、チャクリ将軍（後のラーマ一世）に率いられたシャム軍がビエンチャンに進攻し、ワット・ホー・パケオに安置されていたエメラルド仏（パケオ）を持ち去った話は前にしました。その後一七八二年、新たにバンコクに都したラーマ一世は、ラオス（ビエンチャン王朝とチャンパーサック王朝）を支配下に治めます。

ワット・シーサケートで出会ったタックバーツ（徳を積む）の家族［撮影：大森房子］

バンコクで人質生活を送った後、二六歳で即位したアヌ王は、父ナンタセーン王の「ラオス統一と独立」の遺志を継ぎ、内政に力を注ぎ、人々が集う「公共の場」として盛んに寺院を建立しました。ワット・シーサケートもそのひとつです。特にこの寺は、毎年諸国（ムアン）の長を召集し、忠誠を誓わせ、独立闘争への意思統一を図る場としました。

一八二七年、アヌ王はビエンチャンとチャンパーサック（ラオス南部）の双方からタイ東北部のコラート高原に軍を進めます。いったんはコラート高原の中心都市ナコーンラーチャシーマー（コラート）を占領しますが、近代兵器を装備したシャム軍に敗れ、ビエンチャンの街は徹底的に破壊され、焦土と化すのです。そして多くの住民が捕虜としてタイへ連れ去られたのですアヌ王も反逆者の汚名を着せられ、シャムの都バンコクで屈辱的な死を迎えます。今なおラオス人がタイ人に抱いている反感は、この一連の仕打ちが尾を引いているからだと言われています。

ワット・シーサケートは、庶民的な寺に見えます。境内には椰子、マンゴー、パパイアの木々が茂り、仏塔の形をした庶民の墓もたくさんあります。

ワット・シーサケートの見どころは、本堂を取り囲む回廊にあります。壁一面に彫られた仏龕《ぶつがん》に二体ずつの仏像が安置されているのです。その数は二〇〇〇体近くにもなり、本堂やその他の部分の物と合わせると七〇〇〇体にも及ぶと言われます。

もうひとつの見どころは、バンコク様式の本堂内部の壁画です。ブッダの生前を描いたジャータカ（釈迦にまつわる物語）ですが、傷みが激しくてよく見えません。文化財としての価値が高いだけに残念です。

もうひとつ残念なのは、本堂にこうもりが住みついていて、雨季には糞の臭いが充満することです。髪や服に臭いがついて、案内した友人たちには不評でした。【R】

白象（ビエンチャン動物園）［撮影：赤塚みどり］

動物園

これから郊外一日コースをご案内します。まず、国道一〇号線を北へ動物園に向かいます。「ビエンチャン動物園」は、市内から約六〇キロメートル、クルマで一時間です。

はじめラオスの動物園は、「たいしたことないだろう」と期待していませんでした。それがなかなかどうして、広い敷地に施設もしっかりしており、展示されている動物の種類も豊富です。鹿類を中心に、ライオン、豹、熊、蛇、鳥類、そしてラクダまでいます。ここの目玉は、何といっても「象」と「ワニ」でしょう。

象は、象舎に三頭います。そして、そのうちの一頭がなんと「白象」なのです。真っ白というわけではなく多少灰色がかっていますが、全身が白い象です。南部のサーラワン県で捕獲されたと聞きました。

隣の国タイでは、白象が捕獲されると王室に献上されます。タイで白象と認定される条件が七つありますが、いずれも甘いものです。その点この動物園の白象は、タイならまちがいなく王室献上となる白象です。カミさんが差し出すバナナをおいしそうに食べていました。

もうひとつの「ワニ」は、大きな池に何十頭となく飼育されています。夜行性なので昼間は寝ているのでしょうか、所狭しと折り重なって微動だにしません。中には、恐ろしげに口をあけているワニもいます。ハンドバッグの素材が陳列されている印象です。それが展望台から観光客が餌の鳥肉を投げ入れた時だけ、餌を奪い合う大きな音と水飛沫を上げるのです。「バシャ、バシャ、バシャ…」という感じです。一段落すると、また元の静寂が戻るのです。実に、不気味でした。

この動物園は、ビエンチャンの若者たちのデート・スポットにもなっているようです。我が家のガードマンのジョイさんは、この動物園で幼馴染だった奥さんと久しぶりに再会し、結婚したのです。

動物園から山道を約二六キロメートル行くと、日本のODAのシンボルといわれるナムグム・ダムに着きますが、その前に岩塩工場に寄ります。【R】

岩塩工場

「動物園から一キロメートル程離れたところに岩塩工場があります」とドライバーのスーカンさんが教えてくれました。「岩塩」と聞いた時ボクは、アフリカのサハラ砂漠をラクダの背に乗せて運ぶ板状の岩の塊の岩塩を思い浮かべました。古代、同じ重さの金と交換されたあの「岩塩」です。

ラオスの岩塩は、違うものでした。この一帯はかつて海の底だったのでしょうか、塩分濃度の濃い地下水をポンプで汲み上げ、鉄製の容器（釜）に入れ、下から薪で炊きあげるのです。水分が蒸発し、煮詰まって底に残った塩をスコップで釜の上に吊り下げた竹製の大きなざるに掬い入れるという単純な製法です。掬い取ったばかりの塩は、水分をたくさん含んでいます。その水は、ざるの底からしたたり、釜に戻ります。その作業を繰り返し、ざるの底から水が落ちなくなると出来あがりです。ただでさえ暑い気候の中で、火を使うこの作業は重労働です。出来あがった岩塩は、ニッパ椰子で作った小屋に貯め、自然乾燥させます。はじめて見た時ボクたちは興奮し、「是非、譲ってほしい」と頼みました。

「好きなだけ、ただで持って行っていいよ」と言われたのですが、手持ちのビニール袋一杯（約一キログラム）三〇〇〇キープ払いました。あとになって、少し高い買い物だったことがわか

岩塩工場（きつい作業なので、午前中で仕事を終える）

りました。

この工場は、釜が八個、ひと棟しかない小規模な工場でした。その後、我が家からクルマで四〇分、市内から約三〇キロメートル、国道一三号線を南のサワンナケート方面に向かう途中に大きな岩塩工場があることがわかりました。

そこは何棟もの釜場が連なり、燃料にする材木がうず高く積まれています。広い塩田もあり、工場で働く人たちで一つの集落を作っているほどです。日本から来た皆さんをご案内するたびに、「へえ！」と驚かれる規模です。小学校さえあります。生産された岩塩は、工場の事務所で厳重に管理されています。この事務所で岩塩を買うと、ひとマス（一二キログラム）で九〇〇〇キープ（約一ドル）です。

ちなみに帰国後、ある団体主催のイベントで「ミ

ネラル豊富なラオスの岩塩」を買ったところ、ひと袋（二五〇グラム）三〇〇円でした。【R】

ナムグム・ダム

ナムグム川をせき止めてできたダム湖を在住日本人は、「ラオスの松島」と呼びます。湖底に沈んだ村の高みが、湖に浮かぶ島のように見えるからです。

ビエンチャンから北へ九〇キロメートルにあるナムグム水力発電所は、日本を中心に世界一二ヵ国の協力で六八年に着工し、七一年に第一期工事（三万キロワット）が完成しました。ラオス内戦の最中のことです。

その後出力が増加され、現在では一五万キロワットの電力を首都ビエンチャンに供給し、さらに余剰電力をタイに輸出しています。ちなみに電力は、ラオスの主要輸出品のひとつで、衣料、木材に次ぎ、外貨獲得額の二一％（五七一〇万ドル、九九年）を占めています。

ダムの高さは七〇メートル、琵琶湖の半分以上の面積のダム湖が造られました。ダム湖の出現で生態系が破壊されたという批判がある一方、豊かな漁場が生まれ経済に貢献している一面もあります。

ナムグム・ダム

日本のODAの象徴・ナムグム・ダム

ボクたちは、ナムグム・ダムへ日本からのお客さんと一緒によく魚を食べに行きました。ダム湖のほとりには、観光客相手のレストランが二軒あります。ダム湖で獲れたナマズ類など淡水魚を食べるのです。スープにしてよし、焼いても蒸しても揚げてもよし。人数が多いほど、いろいろな料理が楽しめます。値段は、一品一・五ドル見当です。

ダム湖で舟遊びをすることもできます。桟橋で遊覧船を雇い、島々をめぐる舟遊びを楽しむのです。しかしボクたちは、いつも時間に追われ、残念ながら一度も体験することができませんでした。

【R】

陶器村

ボクは、陶器好きです。どこの国でも民族特有の造型と文様の陶器があるものです。ビエンチャンに赴任以来、骨董屋を巡って探したのですが、ラオス独特の陶器は見つかりません。昔から陶器の産地というものがないらしいのです。そのうちに知人から「陶器村がある」という話を聞きこみ、出かけてみました。

その村は、国道一三号を北上し、七キロメートル地点を西へ二キロメートル程入ったところにあるバーン・パカオ（パカオ村）です。ひと昔前までは、陶器を造る家が一三軒あったそうですが、今では三軒になっていました。大小の壺や日本の七輪の中敷きのようなものなど生活雑器が中心です。他の二軒が農作業の片手間でやっている中、ノーカムサンさん（三九歳、女性）だけが専業です。早速作業を見せてもらうことにしました。

高床式の家の土間に、ロクロにあたる木の台が据え付けられています。大ぶりの壺を造るため、まず粘土の塊を台の上に置きます。しかしその台は、どう見てもロクロのように回転する構造にはなっていないのです。「一体、どうするのだろう」と見ていると、なんと自分が台のまわりを回り、手で壺のかたちを整えていくではありませんか。「人間ロクロ」なのです。型が整うと、同じようにグルグル回りながら内側に手を添え、木のへらで表面を叩き、土を締めていきます。そして、五分もすると出来あがりです。この方法は、三年前にドイツの展示会で実演したそうで、写真が載っているドイツの雑誌を見せてくれました。

土間の片隅には、天日干しが終わった製品が並んでいます。彼女の場合は、全部注文品なのです。ボクは、蓋付きの大きな壺を二個と小ぶりの壺など六個を注文しました。値段は、一二万キープ（約一二ドル）です。「いつ、出来あがりますか」ときくと、「いつになるかわかりません。今、雨季に入ったので、晴れの日が続いたら焼きます」とのことでした。

人間ロクロで土を締めるノーカムサンさん

実は、窯で焼くわけではないのです。写真を見せてくれました。その写真によれば、地面に薪を敷き、天日干しした土器をのせ、その上に大量に藁をかぶせ蒸し焼きにするのです。「晴れの日が続いたら」という意味がわかります。

一ヵ月半後、電話をもらい、受け取りに行きました。大ぶりの壺は、少し縮んでいましたが、良い風合いに仕上がっています。この壺は、本来は水を入れ、道の片隅の台上に置かれるものです。素焼きの壺ですから、中の水は徐々にしみだします。そうすると気化熱で、中の水は常に冷たい状態に保たれるのです。それを道行く人が、柄杓で汲んで飲むのです。

この二つの壺は、その後帰国の日まで我が家のベランダを飾っていました。【R】

第5章

小旅行——シェンクワン

ジャール平原

私たちがシェンクワンを訪れたのは、二〇〇二年三月でした。二泊三日でジャール平原の石壺を見に行くのが目的でした。

ビエンチャン―シェンクワン間は、ラオ航空が一日に二便運行しています。ビエンチャン空港で中国製の双発プロペラ機Y―7（五〇人乗り）に乗り、三〇分で県都ポーンサワンに着きます。

空港には、通訳兼ガイドのラーさん（三〇歳）が出迎えてくれました。空港からクルマで一〇分、街の中心にあるダーオプアン・ホテルにチェックインし、その足で南西へ一五キロメートル、一番近い石壺群「サイト1」へ向かいます。

「わあ、たくさんありますね。いくつ位あるのですか?」

「サイト1が一番多くて、二五〇基位でしょう。ジャール平原の石壺群は、三〇年代の初めフランスの考古学者によって発見されました。今までに五〇〇基余りが確認されています。一番大きな石壺がこれですよ。高さ三・五メートル、直径三メートルあります」

「石壺は、何のために作られたのですか?」

「石壺が作られた目的は、食糧の貯蔵用や酒の醸造用という説もありますが、これまでの発掘調査の結果から『遺体を埋葬する棺』が定説となっています。遺跡の成立年代は、石壺とともに発見された人骨、ガラス玉、鉄器などの遺物の調査から、今から約二〇〇〇年前の紀元前後と考えられています」

以前友人から「ジャール平原に行っても、面白くもおかしくもないですよ。ただ、広い野原に、大きな石がゴロゴロと転がっているだけですから」と言われたことがあります。サイト1に着いて石壺群を前にした時のボクの印象も同じでしたが、大きな石壺を目の前にすると、興味や疑問がわいてきます。

「一体こんなに大きな石をどこから運んできたのだろう」

「一体どんな人たちが、どうやって彫ったのだろう」

謎は深まるのですが、解答は得られません。大きな石がゴロゴロとあるだけという印象も消えません。

昼食後、再びラーさんの案内でサイト2へ向かいました。ボクは、「また同じ石壺か」と思い、内心気乗りしませんでした。

道路をはさんだ二つの丘に石壺がたくさん見えます。ここは、サイト1とは違っていました。ひとつの丘に登って石壺をよく見ると、その表面になんと弾痕が見て取れるのです。それも一つや二つではありません。無数と言っていいほどあります。

ジャール平原の石壷群（サイト１）［撮影：渡辺和夫］

「何でこんなにたくさん弾痕があるのですか？」

「この丘のある一帯は、内戦時代、パテトラオ軍と王国政府軍との激戦地だったのです。この丘の攻防を巡って、何人ものラオス人が傷ついたり死んだりしました」

シェンクワンは、パテトラオ（ラオス愛国戦線）の本拠地のひとつでした。したがってここは、六四年から七三年の間、内戦に介入したアメリカ軍による激しい空爆を受け、王国政府軍との攻防をも幾度となく繰り返したのです。サイト2は、いわば「内戦の遺跡」でもあったのです。気乗りしないボクをここに案内しようとしたラーさんの意図は、ここにあったと得心しました。

そして「内戦の遺跡」は、ここだけではありませんでした。【R】

ワット・ピアワットの廃墟

サイト２の見学を終えるとラーさんは、「次は、ムアンクーンへ行きましょう。道路がいいので、四〇分で行けます」と旧県都ムアンクーンを薦めます。

途中で「ケシ畑」を見かけました。「あっ」と思いました。現在では、ケシの栽培は禁止されているはずだと思ったからです。クルマを停めてもらい、ラーさんに聞きました。

「ケシの栽培は、禁止されていますよね？」

「モン族が、薬用として栽培しています。小さな畑ですから問題ありません」

近づいてみると、黒い民族衣装を着たお年寄りの女性がひとりでケシ畑の手入れをしていました。道路端の狭い畑です。

「写真を撮ってもいいですか」とラーさんにきくと、「問題ない」とのことで、数枚撮りました。なにか秘密めいたことをしている気分でした。

ムアンクーンは、現政権が成立した七五年以前、シェンクワン県の県都でした。しかし、内戦時にアメリカ軍の空爆を受け、街は全壊しました。勿論いまは、人口一万五〇〇〇余りの普通の街です。街を歩いていて目につくのは、ポインセチアの生け垣です。そして、アメリカ軍が投下した爆弾の殻を利用したプランターや柵です。

ケシ畑の手入れをするモン族の女性

「爆弾の殻ですよ。危なくありませんか？」

「全然。ラオス人は手先が器用ですからね。鍋でも釜でも何でも作りますよ。一時は鉄くずとして、ベトナムへ売っていましたよ」

ラーさんが最初に案内してくれたのは、小高い山の上にそびえる仏塔です。ビエンチャンにあるタート・ダム（黒い仏塔）と同じ形をしていますから、ランサーン王朝時代の流れをくむものでしょう。近くに立つと、高さ約二五メートル、表面の漆喰は剥げ、レンガがむき出しになり、草が生え、いたみの激しいものでした。

この仏塔の由来は、ビエンチャンのタート・ダム同様、わからないということです。ただラーさんは、この街の歴史の古さと仏塔の修復にまでは手が回らない貧困さをボクに訴えたかったのかもしれません。

米軍の爆撃で廃墟となったワット・ピアワット（ムアンクーン）

仏塔のある山を降りる途中で、直径一五メートル程の穴を見かけました。

「爆弾の跡ですか？」

「そうです。空爆の爆弾が、地面に落ちて作った穴です」

今は草に覆われ、不気味な感じを与えませんが、いい気持ちはしません。今でもこんな穴が、街のあちこちに残っています」

植民地時代のフランス出先機関の本館は、土台のレンガだけが残っていました。その隣の白い二階建てのビルが、この街で唯一戦災を免れた建物で、今もソーシャル・センターとして利用されています。

山を降りきると、ワット・ピアワット（ワットは、寺の意）です。この寺を有名にしているのは、アメリカ軍の空爆で焼け爛れた仏像が当時のままで残っているからです。ラーさんの話によれば、空爆前この街には六二の寺があったといいます。それがすべて空爆で破壊され、唯一残っているのがこの寺です。残っているといっても、お堂は焼け落ち、焼け残ったレンガの柱と基壇上の仏像だけです。その仏像も、近寄ってよく見ると、顔も含めた左半身が無惨に焼け爛れています。昔のままの右目が、当時の惨事を忘れまいと、虚空をカッとにらんでいます。この寺も、サイト2と同じように「内戦の遺跡」だったのです。

ラーさんとのお付き合いは、この日一日だけでした。別れ際、気になることを言いました。「シェンクワンでは、不発弾による子どもの死傷者が絶えません」【R】

クラスター爆弾の悲劇

二〇〇三年の「イラク戦争」で米軍が使用した「クラスター爆弾」は、非人道的な兵器として記憶に新しいと思います。前にもお話ししましたが、ジュネーブ協定に違反してラオスの内戦に介入した米軍が、六四年〜七三年の空爆でラオスに投下した爆弾は約二一〇万トンにも及びます。アメリカ議会や国民にも知らされない「秘密の戦争」でした。最も恐れられたのが、

「クラスター爆弾」でした。約九〇〇万発が、ラオスに投下されたと言われます。ホーチミン・ルートのあったラオス南部とパテト・ラオ（ラオス愛国戦線）の拠点、北部のポンサリーやサムヌア、そしてパテト・ラオと王国政府軍との激戦地だった、ここシェンクワンが中心です。ラオスでは、今でも不発弾が爆発して子どもや農民が死んでいます。

クラスター爆弾には、約六七〇個の小爆弾が詰まっています。空中で爆発したクラスター爆弾は、この小爆弾を空中で撒き散らします。この小爆弾には約三〇〇個の金属の破片が入っていて、地上で爆発すると飛び散った金属の破片は一〇〇メートル先の人も死に至らしめます。地雷は、手足の自由を奪うのが目的ですが、クラスター爆弾は、殺すのが目的です。この小爆弾の不発弾が、今なおラオスの田園地帯に残っています。これを「ボンビー」と言います。

不発弾になる確立は推定五％から三〇％で、ラオスに残されたボンビーは、五〇〇〇万個から三〇〇〇万個と言われます。かたちは様々ですが野球ボール位の大きさのボンビーは、畑や田んぼの中に埋まっていたり、民家の庭や学校の校庭にもあります。特に子どもが見つけると、遊び道具として触ったり投げたりしがちです。不発弾による被害は、二〇〇一年までに一二〇〇〇件を越えていますが、事故の三割に子どもがかかわっています。

不発弾の処理は、カナダのＮＧＯが中心に行なっています。専任技術アドバイザーが地元民を養成しながらひとつひとつ不発弾を処理していく活動は、実に根気のいる仕事です。

米軍が投下した爆弾の殻を門柱として利用している（ポーンサワン）［撮影：渡辺和夫］

サムヌアでは、ドイツの地雷撤去組織「ジャーブラ」が活躍しています。国連からの支援を受けて、ラオス政府の組織「UXOラオ」も全国で不発弾処理活動を展開しています。二〇〇一年だけで八万発余りの不発弾が処理されましたが、それでも一〇〇人以上が不発弾の犠牲となっています（死者三五人、負傷者八七人。二〇〇一年）。このままのペースで進めば、ラオスからボンビーが消えるまでには何十年もかかるのです。

アメリカは、医療スタッフや爆発物専門家の訓練などに援助を出して、何百人もの人材を育成してきました。更に、犠牲者たちの医療費を負担する基金も設立しました。他の一〇数ヵ国とともに、ラオスから不発弾をなくすための費用も負担しています。しかし、これだけでいいのでしょうか。

ラオスの北部や南部では、どの場所にも不発弾が隠れている可能性があるため、新たに道路や病院、学校を作ることがむずかしく費用もかさみます。この点からも、ラオスが世界で最も貧しい国のひとつなのは当然のことでしょう。不発弾除去に時間が長くかかれば、この国の貧困もそれだけ長く続くのです。

帰国後、一九九八〜二〇〇〇年と二〇〇〇〜二〇〇二年に青年海外協力隊員としてシェンクワン県立病院で活動していた二人の元協力隊員から聞いた話によれば、「毎年、多くの患者さんが運ばれてきた」ということです。そして、次のようなエピソードが、シェンクワンの現状を象徴しているように思いました。

「病院で年に何度か、敷地内に木を植えたり、草取りをしたことがあります。一番印象に残っているのは、庭作業をしている時ひとりのスタッフが土を掘り起こしながら『バーン！』と爆発音の口真似をし、笑いながら両手で爆発したしぐさをしたことです。日本では考えられないことですが、それだけボンビーの影響は彼らに根強く残っているのだなあと思いました」【R】

電気のない街

シェンクワンへの小旅行は驚きの連続でした。ビエンチャンの空港を飛び立った五〇人乗りの小型飛行機は、水平飛行に入ると機内に水蒸気が漏れだし、まるで霧の中にいるようです。うろたえるのは私たち夫婦と数名の外国人だけです。ラオス人の乗客も乗務員も平然としています。

しばらくすると水蒸気の流出もおさまり、眼下の森にプロペラ機の黒い影を落としながら悠然と飛行を続けました。約三〇分後、無事に着陸した飛行場は野原の真ん中にありました。空港の建物は牛小屋のようなバラックです。

頼んでおいたガイドの出迎えを受け、ジャール平原の石壺を見学に行きました。「殺風景な平原の中に突如現れる無数の石壺。いつ、誰が、何のために作ったのか。これがラオスの最大の謎である」というキャッチフレーズに誘われたのです。

実際はロマンのかけらもなく、草原に大きな石の壺がゴロゴロころがっているだけでした。せめて、壺に模様が描かれているとか、年代別に形が違っているとかしていたら興味の湧きようもあるのですが、一〇も見れば「もういいわ」といった感じです。それでも、もう二度と来ることはないだろうと思えば、すぐに帰るのは惜しい気がします。

壺は期待外れでしたが、黒タイ族やモン族などの少数民族の村に行き、ケシの栽培や山繭を紡いだ機織りなど、彼らの日常生活に触れることができました。今やどこの国でも少数民族は観光化されて、観光客ズレしていますが、彼らは私たちのことなど無視して、黙々と自分たちの仕事をしています。

私たちが泊まったホテルは県都ポーンサワンにあるダーオプアン・ホテルです。「中心街にあり便利、全室ホットシャワー付き、スィートルーム有り」というホテルです。しかも、なんとアメリカン・ブレックファースト付きで一泊一〇ドルという値段です。「安すぎる」と心配した通りでした。シャワーは家庭用の小さい湯沸かし器が一つ付いているだけです。ベッド・ルームにもリビングにも蠟燭が置いてあります。これは決してムードを演出するためのものではありません。発電所の発電機を動かす油を買うお金がないため、電気が午後六時から午後一一時までの五時間しか来ないのです。したがって、部屋にテレビもクーラーもありません

夜一一時には町中の電気が消えてしまうなんて大変と焦った私たちは、昼間下見をしておいた街のレストランに六時には着きました。外国人しか入ってなかったお店で注文した料理を待っていたところ、突然の停電です。

私たちは、「予想どおりだね」と持ってきた懐中電灯をつけました。私たちの他、もうひと組の客が懐中電灯を持っていました。お店の人は、慌てず騒がず火をつけた蠟燭をテーブルに配ります。それも、懐中電灯をつけているテーブルから先に持ってくるのです。その謎は、最後まで解けませんでした。

蠟燭の明かりで食事を終えた私たちは、ホテルに引き返しました。その頃になると停電も終

県都ポーンサワンのメイン・ストリート

わり、部屋にはうすぼんやりと電灯が灯っていました。

「シャワーを浴びたあと飲む冷たいビールを頼んでくるから」と言ってフロントに降りていった夫は、いつまでたっても帰ってきません。

しばらくすると、ビール壜とコップを手にした夫が帰ってきました。

「参った、参った。ビールは自分で買ってきて下さいって言われたから、外に行ったんだけど、冷えたビールは売ってないんだよな。考えたらどこの店も冷蔵庫がないんだよね、冷えてないビールを買ってきたよ」

私たちはなまぬるいお湯がチョロチョロ出るシャワーを浴び、冷えてないビールを少し飲み、電気が消える前にベッドに入りました。

明くる日、街を歩いていたら日本人の青年に会いました。青年海外協力隊の若者です。一緒にご飯を食べながら話を聞きました。

「ここは、五時間も電気が来るから贅沢ですよ、もっと奥地の隊員は蠟燭だけで生活しているんです」

「ボクにもっと知識と経験があれば、今よりずっとラオスの人たちの手助けができるのに、悔しいです」

「たまにビエンチャンに行って感動するのは、水に氷が入っていることです」

二人の協力隊員の話を聞きながら、「あれもない、これもない」とビエンチャンで不満を言っている自分がいかに贅沢かと少し反省しました。

といっても、反省は長続きしません。ビエンチャンに帰り、一週間もたたないうちに夫に「今日も二時間も停電したのよ、やんなっちゃうわ」と言っています。【A】

第6章

小旅行——ルアンパバーン

古都ルアンパバーン

ルアンパバーンは、日本で言えば京都に当たるラオスの古都です。ラオスの最初の王朝ラーンサーン（一〇〇万頭の象）王国の初代王ファーグム王がこの地を都に定めました。一三五三年のことと言われます。

その後一六世紀（一五六〇年）、セタティラート王によって都はビエンチャンに移されますが、一八世紀にルアンパバーン、ビエンチャン、チャンパーサックの三王朝に分裂し、革命政権が誕生する一九七五年まで残ったのがルアンパバーン王朝でした。

ラオスのカレンダーを見ると、毎年四月中旬に三日連続で赤い祭日のマークがついています。ピーマイ・ラオ（ラオ正月）です。二〇〇二年は、一三日、一四日、一五日でした。ラオスの正月は、乾季の終わり近く、一年で一番暑い時期の四月（ラオ暦の五月）なのです。

ボクたちは、二〇〇二年のラオ正月をルアンパバーンで過ごしました。伝統的なラオスの正月行事を見ておきたかったからです。

一二日、ビエンチャンを一時間遅れのラオ国内航空で発って四〇分、空から見るルアンパバーンはメコン川沿いにひろがる小さな街でした。空港からホテルの送迎バスで二〇分、私たちが泊まるスワンナプーム・ホテルは街のメインストリート（シーサワンウォン通り）の西はずれ「ナ

古都ルアンパバーン（プーシー山頂からカーン川方向を望む）

ンプー広場」に面した地の利のいいところにあります。

ホテルで遅い昼食をとり、ひと休みしたあと早速訪れたのは、歩いて一〇分ほどの「王宮博物館」です。ボクたちは、外国の知らない街を訪れた時には、まず初めに「博物館」を訪れることにしています。博物館には、その街の「歴史」が詰まっているからです。「市場」にその街の「生活」が詰まっているのと同じです。

「王宮博物館」の建物は、一九〇九年、当時のシーサワンウォン王とその家族のためにフランスが建てました。フランスは、当時ラオス全土を植民地化し直轄支配していましたが、ルアンパバーンだけは「保護領」として王政を続けさせていました。一九七五年、革命政権誕生後、王政は廃止され、翌年王宮は博物館として開放されたのです。

ボクはここで探したいものがありました。ラオス特有の「雨乞い仏」です。指をピンと伸ばし、両腕を脇に沿って伸ばして立つ仏の姿は、ラオスにしかありません。長い乾季に耐え、雨を願い、はじめて雨が降ってほっとしている農民の姿を映していると言われます。入ってすぐの右側にある「仏像の間」で二体並んだ「雨乞い仏」を見つけることができました。等身大のブロンズ像です。ラオスの仏像は、丸っこくてすっとぼけた表情が多いのですが、さすが王宮の中の仏像だけあって端正な姿でありました。

内部は撮影禁止のため、写真を撮れなかったのが残念です。【R】

大晦日の市

翌朝六時前、ボクは窓の外から聞こえてくる「雑踏」の気配で目を覚ましました。「一体何だろう」大急ぎで着替えホテルの外に出てみると、露店の「市」が大通りの両側一杯にひろがり、おびただしい数の人々で賑わっているのです。年に一度の「大晦日の市」だったのです。

その規模は、半端ではありません。露店は、ホテルの前の「ナンプー広場」を中心に、東は王宮博物館あたりから西は街外れまで、延々一キロメートル余にわたりびっしり連なっているのです。新年を迎えるための衣料品、日用雑貨、食料品をはじめ、「八支の旗」などの正月用品、観光客相手の絵画、骨董、民芸品まで何でも売っています。

それにしても、この人出の多さはなんとしたことでしょう。肩と肩が触れ合わんばかりの賑わいです。近郷近在を始め、街中の人々が集まってきているようです。

買い物客の多くは、家族連れです。父親に肩車をしてもらっている子どももいます。独特の民族衣装を身に着けたモン族をはじめ、先住民と言われるカムー族など少数民族の姿も見られます。皆、年に一度の正月に向けての買い物に楽しげな表情をしています。

ボクたちは、ご近所へのお土産に、特産の「ジェオボン」という味噌と「川のり」を買い求めました。

遅い朝食をとり、一〇時三〇分すぎに外へ出てみると、露店は後片付けの最中でした。あれほど沢山いた買い物客の姿も見当たりません。「大晦日の市」は、朝六時前に始まり一〇時には終わるしきたりだったのです。

街中のレストランで昼食をしていると、「水かけ」が始まりました。穢れを払うために、腕に抱えた器の水をかけ合うのが本来の姿です。それが近年観光化が進むにつれて派手になり、ホースでバケツやドラム缶に水をためておいて、柄杓やバケツごと道行く人にかけるようになりました。ホースで直接かける人もいます。かけられた方は、ずぶぬれになります。しかし、怒

買い物客で賑わう「大晦日の市」

るわけにはいきません。ボクたち観光客にとっては、この辺が辛いところです。

　バケツの水かけを避けながら、王宮博物館裏のメコン河畔に出てみました。驚いたことに、朝の「大晦日の市」を思わせるようなおびただしい数の人々が、船で対岸の砂洲へ渡っているのです。遠目で見ると、人々は思い思いに砂の仏塔を作り、大晦日の市で買った「八支の旗」を立て、祈りを捧げているようです。悪霊を先祖の霊とメコンの精霊に払ってもらう儀式なのでしょう。祈りのあと、宴会が始まっているグループもいます。

　ボクたちも船で渡ってみたかったのですが、その日は特に暑い日ですでにくたびれはてていて、そのままホテルへ帰ってしまいました。【R】

パレード

ルアンパバーンの正月には、奇妙な一日があります。「中日」と呼ばれる一四日で、一三日の大晦日、一五日の元旦の間でどちらの年にも属さない日です。いわば、年が新しく生まれ変わるための準備をする不思議な一日なのです。そしてこの日、この街の祖霊でラオスの大地を創造したと伝えられる夫婦プーニュー（男性）・ニャーニュー（女性）とその養子と言われる獅子の精シンケーオ・シンカム（水晶の獅子・黄金の獅子）が現世に蘇るのです。

プーニュー・ニャーニューは、この日の午後に行なわれるパレードで人々の前に姿を現します。パレードは、ナンプー広場近くのワット・タートノイから大通りの東はずれ、カーン川とメコン川の合流点にあるワット・シェントーンまでの一・五キロメートル弱の道のりを進みます。

ボクたちはほぼその中間点、王宮博物館前のプーシー山の土手に陣取りパレードを待ちました。勿論、カメラとビデオを手にしています。午後一時に出発したはずのパレードは、二時を過ぎても現れません。帽子をかぶってはいるものの、炎天下で、用意した水を飲み、暑さに耐えながらひたすら待ちます。

二時二〇分、パレードがやっと見えてきました。先頭を示す「旗」に続くのは、創世伝説の

「ミス・ルアンパバーン」を載せた山車

主人公プーニュー・ニャーニューです。若者の手に導かれ、沿道の人々に挨拶をするようなしぐさで進みます。踊っているようにも見えます。少し離れて、獅子の精。そしてその後に、おびただしい数の市民が続きます。

次に来るのは僧侶のパレードです。まず先触れとしての大太鼓。トラックの荷台に小型クレーンで大太鼓を吊るし、青年僧のひとりが支え、ひとりが打ち、かたわらでもうひとりが鉦を打って進みます。続いて高僧が乗るトラックが二台。荷台の中央に高僧が座り、四隅に僧侶が控えています。そのあとに、五〇人位の少年・青年僧、供物を手にした市民の行列が続きます。

いよいよパレードのクライマックス、「ミス・ルアンパバーン」の登場です。先導するのは、伝統的な髪型と化粧をほどこし、民族衣装を身にまとった一〇〇人余りの少女たちです。供物を手に、色とりどりの傘をさし、大通りの両側を二列になって進みます。母親に傘をかざしてもらっている少女もいます。

そのあとに続くのが、トラックを改造した山車です。大きな孔雀（この年の干支）の張りぼての背に、ミス・ルアンパバーンが横座りに乗っています。ミス・ルアンパバーンは、一一日までにこの街の一七歳から二五歳までの未婚女性の中から選ばれます。山車の両側には、三人ずつ六人の準ミスが座っています。山車の後ろには、竹の拍子木と小太鼓を打つ二〇人位の青年たちが続きます。

最後は、四頭の象です。赤い頭巾をかぶり、独特の衣装を身につけた象使いが乗っています。そのあとに、三々五々おびただしい数の市民や観光客が続いてパレードは終わります。後日、ビデオ・カメラの時計で確認したところ、四〇分かかっていました。

このあとボクたちはトゥクトゥクをつかまえ、メコン川沿いの道を先回りしようとパレードの到着点のワット・シェントーンへと急ぎました。しかしボクたちと同じ考えの観光客が多いせいか、思わぬ渋滞に巻きこまれ、着いた時にはパレードの少女たちが到着しているところでした。吹き出る汗を母親たちに拭ってもらっています。

ワット・シェントーンは一五六〇年、セタティラート王によって建立されました。本堂の建物は「ルアンパバーン様式」と言われ、低くやわらかな曲線を描く三層の屋根が特徴です。

本堂前で、プーニュー・ニャーニューそして獅子の精による「奉納舞い」が始まりました。十重二十重と人々が囲み、最前列へ行くことができず、背伸びして頭上に掲げたビデオ・カメラのファインダー越しにしか見ることができませんでした。太鼓のリズムに合わせ、両腕を交互にあげ、大地を踏みしめるかのように踊る、生命の再生と豊穣を願う天地創造劇のようで、日本の「神楽舞い」や「獅子舞い」に似ています。

一方本堂の内部では、ミス・ルアンパバーンによる「灌水の儀式」が行なわれます。僧侶の読経が吹きこまれた聖水を、銀の器から龍の背をかたどった灌水台に注ぎ、龍の口から仏像に灌水するのです。このあと女性を中心に、パレードに参加した市民たちの灌水が続きます。

帰りは、ホテルまでトゥクトゥクを利用しました。沿道では「水かけ」が最高潮に達しており、トゥクトゥクに乗っていてはその水を避けようもなく、ホテルに着いた時は二人とも全身ずぶ濡れでした。【R】

パバーン仏の渡御

元旦（一五日）の朝八時からホテルの庭で、二〇人余りの宿泊客を招待した「バーシー」が行

朝一番、王宮博物館玄関前に集まった「かつぎ手」の青年たち

なわれました。客の中には、ビエンチャンから来たインド大使夫妻やバンコクからの日本人S夫妻もいます。「古都のバーシー」、「正月のバーシー」として何か特別な儀式があるのかな、と期待していたのですが、すでに何回も経験したビエンチャンでのバーシーと変わりありませんでした。ただ「楽器演奏」つきなのが、正月らしい雰囲気でした。

四日目（一六日）の朝、ルアンパバーンならではの行事が行なわれます。「パバーン仏」の渡御です。パバーン仏は、一四世紀ファーグム王の妃がクメール（カンボディア）からの輿入れの際一緒に持ってきたと伝えられています。ルアンパバーンの名前も、このパバーン仏に由来します。普段は王宮博物館の奥深く納められているパバーン仏が、この日、隣にあるワット・マイへ渡御するのです。

渡御後、ワット・マイの仮堂に安置された「パバーン仏」

ホテルでもらった予定表に午前八時出発とあったのを手がかりに、ボクたちは八時前に王宮博物館へ向かいました。ボクたちの前を同じホテルに泊まっているインド大使夫妻も歩いています。ところが着いてみると、ボクたちとインド大使夫妻以外は誰もいません。すぐに「九時から始まるんだ」と気づいたのですが、そのまま待つことにしました。白壁におおわれた王宮の建物が朝日を浴びて輝いてみえ、その中で正面玄関の上にはめこまれた金色の「三頭象の紋章」がひときわ目をひきます。

しばらくするうちに集まり出したのは、民族衣装で正装した男性たちです。きっと政府高官や街の有力者なのでしょう。両手で供物を抱え、挨拶し合い、グループを作って談笑し合っています。まるで王朝時代の貴族の雰囲気です。輿の担ぎ手でしょうか、赤い制服を着た青年たちも集まりました。僧侶たちも来て、皆建物の中へ入っていきます。渡御前の儀式が行なわれるのでしょう。

午前九時。正面玄関の扉がゆっくり開き、パバーン仏のお出ましです。すぐ黄金色の厨子に移され、輿に乗せられます。輿は、二〇人程の青年たちに守られて出発します。正装した市民が続きます。その厳粛さは、王朝絵巻のようです。

王宮博物館の門を出ると、ワット・マイまではほんの五〇メートル程です。気がつくといつの間にかプーニュー・ニャーニュー、そして獅子の精が行列を先導しています。

ワット・マイは、ラオスの仏教芸術が最盛期を迎えた一九世紀前半（一八二一年）に建立されました。正式には、「美しい黄金の国土の新しい寺院」という名前の寺です。実は、王国時代パバーン仏は、この寺の本尊だったのです。

パバーン仏は、高さ八三センチ。重さ五〇キログラムの純金でできていると言われ、掌を立てて両腕を前にかざし慈悲を垂れる姿です。ワット・マイの本堂前の仮堂に安置されて、人々の前に姿を現し、四日目（一九日）の朝再び王宮博物館へ戻ります。その間人々は、銀の器から聖水を灌水台に注ぎ、花、線香、蠟燭を供え、パバーン仏に祈りを捧げます。黄金色の龍の背に彫られた樋を伝わり、その口を経てパバーン仏に注がれる聖水は、途切れることがありません。ボクたちも人々に習い、自分たちの健康と日本に残した家族の健康を祈りました。【R】

奉納舞い

パバーン仏の渡御の日の夜、ワット・マイの庭で「奉納舞い」があると聞きました。ホテルでもらった予定表には、夜とあるだけで、何時から始まるのかわかりません。

夕方五時三〇分にホテルを出て、プーシーへ向かいました。山頂からメコン川のかなたに沈む夕陽を見ようというわけです。

「プーシー」は、街の中心にある高さ一五〇メートル程の小高い山で、この街の象徴でもあります。ルアンパバーンの街は、この山の洞窟に住む二人の仙人兄弟によって創られたと伝えられているからです。

王宮博物館の向かいから、三二八段の階段を上ります。一段ごとの段差が高く、何回も休みながら頂上を目指します。頂上は意外と狭く、高さ二四メートルのタート・チョムシーの仏塔に占められています。

ここからは、ルアンパバーンの街を一望できます。眼下にある王宮博物館越しに、メコン川が光っています。夕餉の支度をしているのでしょうか、遠くの家々から煙がたなびいています。ボクたちは、仏塔の基壇に腰を下ろしながら夕陽を見続けました。山峡に落ちるにしたがい、川面の色が変わっていくのです。あたりは、静寂につつまれています。まるで時間が止まっているようでした。

プーシーを降り、街のラオ・レストランで夕食をとり、ワット・マイに着いたのは八時頃でした。庭にロープが張られ、その後ろにパイプ椅子が並べられ、地元の人が数人座っているだけです。

「奉納舞いは、何時頃から始まるのでしょう」

「さあ、わからないねぇ。準備ができたら、始まるでしょう」

九時前、青年たちの「灯籠舞い」から始まりました。続いて若い女性たちによる「清めの舞い」です。指をそらせる独特の指使いがなんともいえず優美です。そして、いよいよ本番です。思っていた通り「ラーマーヤナ」でした。

「ラーマーヤナ」は、古代インドに生まれた叙事詩です。コーサラ国のラーマ王子が羅刹王ラーヴァナにさらわれた妃シータを、猿神ハヌマーンの助けを借りて救い出す物語です。この物語は東南アジアの国々に伝わり、「影絵芝居」や「仮面劇」として今なお人々の人気を博しています。

この日の奉納舞いで演じられたのは、仮面劇でした。ルアンパバーン独特の「演奏」と「謡い」に合わせて、ラーマ王子、ハヌマーン、シータ妃、羅刹王の舞いと演技が繰り広げられます。途中休憩をとるためか、山岳民族のアトラクション等をはさんで延々と続きます。

仮面劇として舞われるラーマーヤナ（ワット・マイで）

パバーン仏のお参りの帰りでしょうか、ボクたちの隣で銀の器を抱え、熱心に見入っている一〇歳位の女の子に気づきました。身じろぎもせず、じっと食い入るように見続けているのです。眼に力を込めて見ているのです。「子どもの頃から毎年こうして見続けることによって、ラーマーヤナが人々の心に生きつづけていくのか」と納得したのです。

翌日の午前中、ボクたちは再びワット・マイのパバーン仏にお参りし、昼の便でビエンチャンに帰りました。こうして、二〇〇二年のボクたちのラオ正月は終わったのです。【R】

第7章

TV番組制作

農業普及庁

ＪＩＣＡシニア海外ボランティアとしてボクが配属された「農業普及庁」は、農林省農業局の下部機関で、主食の稲作のみならず全作物の技術的普及を担う部局です。職員は、四二名、総務課、普及課、植物防疫課、プロジェクト課の四課体制で、普及課「メディア」係でテレビ番組制作の指導をする、というのがボクの仕事です。

ラオスは、農業国です。ＧＤＰの五〇％以上を農林業が占め、稼動人口の八〇％以上は農民です（総人口は約五四〇万人、二〇〇一年）。しかし農産物だけを見ても、米以外はいまだ自給率に達しているとは言いがたく、「農産物の増産」こそが国の大きな使命のひとつなのです（米は、九九年度に二〇〇万トンを達成）。国土（二四万平方キロ、日本の本州とほぼ同じ）の約八〇％を山岳地帯が占めるラオスでは、農業普及員がアクセス不可能な地域も多く、政府はテレビ番組を通して農業技術の普及、教育を図ろうとしていたのです。

さて、配属された「メディア」係のスタッフは、たったの二人、ソムオンさん（三五歳）とブンタンさん（四四歳）です。旧東ドイツで八年間農業技術を学んだソムオンさんは、総務・調整が担当、ブンタンさんがテレビ番組制作の担当です。つまり農業普及庁のテレビ番組制作は、ブンタンさんがひとりでこなし細々と続けていたのです。

農業普及庁の本館

「メディア」係の仕事は、テレビ番組制作だけではありません。党と政府の承認を受けた「計画書」によれば、週一回のテレビとラジオの放送、月に三〇件の新聞素材の提供、農業技術の出版物を年に二種類作成など多岐にわたるのです。とても二人だけで達成できる仕事量ではありません。

二人にこの疑問を質すと、「ボーペンニャン、計画は、あくまで目標です。仕事は無理せず、できる範囲でゆっくりやればいい」と言うのです。

ラオスの抱える最大の問題は、貧困です。現在ラオスは、国連の基準で世界の最後発国（LDC）のひとつに分類されています。今なお、国家予算の五〇％以上を外国からの援助に頼っています。農業普及庁の建物は、七四年に、イギリスが建てました。三台あるピックアップ・トラックは、FAOなど国連機関からの供与でしょう。トラクターや耕運機は、韓国からの援助です。

オフィスは、二〇畳位の広さで、窓は目の細かい二重の金網、クーラーはなく、天井からぶら下がった大きな扇風機が三台、使い古された木製の机と椅子が適宜配置され、専用の電話が一台ありました。

「メディア」係にある機材は、大型ＶＨＳテレビカメラ一台、マイク一本、水準器のない三脚一本。いずれも五年以上前に国連機関のプロジェクト終了後に供与されたもので、タイプは古く、老朽化が激しいものでした。必要な機材は、これから揃えなければなりません。「ヒト、モノ、カネ」とも、いわば「ないない尽くし」の中で仕事が始まったのです。【Ｒ】

小型デジタル・ビデオカメラ

赴任して初めての重要会議は、「これからどんな機材を買い揃えるか」の相談でした。ソムオンさん、ブンタンさん、そして長官と課長がテーブルを囲みました。

ボクは、小型デジタル・ビデオカメラ、パソコン、編集ソフトなどデジタル機材の購入を勧めました。今テレビ業界のデジタル化は、世界的規模で進んでおり、その先取りをしておいた方が将来のためになると考えたからです。しかも、値段も安くあがります。業務遂行のための機材購入費としてＪＩＣＡから示されていた予算は、初年度が五〇万円、次年度が三〇万円で、多分その範囲内におさまると踏んでいたのです。

日本で買って来た私用のソニー・ハンディカムとノート・パソコンをオフィスに持ち込み、説きました。

「カメラは、小型・軽量で扱い易い。画質もすぐれている。何よりも編集をウチでできる」

彼らは、大乗り気でした。

「ラオ国営テレビにもない。これさえあれば、ラオ国営テレビに勝てる。よし、これで行こう」

話は一発で決まりました。実は事前に、本省の部長やウチの長官にも小型デジタル・ビデオカメラとパソコンを見せ、根回しをしてあったのです。

しかし数日して、ソムオンさんとブンタンさんがすまなそうな顔をして現れました。

「やはり、今あるプロフェショナルが使うような大型カメラにしてほしい。本省の副局長が、『農林大臣が小型カメラを見た時、おもちゃと間違えるだろう』と言うのです」

上司の顔色を見ながら仕事をすることは、日本でもよくあることですが、社会主義体制のこの国では上司が絶対で、常に上司の思惑を気にしながら仕事をしていることがあとになってわ

小型デジタル・ビデオカメラ

大型VHSカメラで撮影するブンタンさん

かってきました。上司の鶴の一声ですべてがひっくり返るのです。この時が、その第一回目だったのです。

結局、初年度予算で購入した機材は、従来通りの大型ＶＨＳテレビカメラ、マイクロフォン、水準器つきの三脚、照明機材、テレビ・モニター、ビデオ・プレーヤー、そしてパソコン一式、プリンター、コピー機でした。

今考えれば、これでよかったのだと思います。技術は、積み重ねです。新しい技術を習得するには、基礎技術の集積が大事なのです。一方ラオスのテレビ技術は、日本より二〇年は遅れています。いきなり最先端機材に飛びつくよりは、地道に一歩一歩進んだほうがよい結果につながると反省したのです。【R】

月間予定表(ホワイト・ボード)

ボクたち日本人は、計画を立てるのが得意ですし、好きです。農耕民だった祖先が、年間スケジュールを立て、それに従って作業をしてきたDNAが刷り込まれているのでしょう。どこのオフィスにも、必ずと言っていいほど「月間予定表」があります。そこには、行事予定や作業予定が書きこまれており、仕事を効率的に進める上で役立っています。

ボクも赴任してすぐ、街でホワイト・ボードを買ってきて線を引き、「月間予定表」をオフィスの壁に吊るしました。テレビ番組の制作は「段取り」が大切で、技術移転の道具としても有効活用しようと考えたからです。作業のスケジューリングを間違えると、放送日に間に合わない危険もあるのです。

結論から言えば、二年間ほとんど「真っ白」でした。その日のスケジュールは、その日の朝にならないと決まらないという現実があったからです。

ボクたちの番組の放送日は、毎週月曜日の六時三〇分~六時四五分、編集日は毎週金曜日の午前中と決まっていました。このスケジュールに向けて仕事を進めていくのが、「メディア」係の基本です。係の中心を担うブンタンさん（彼しかカメラを操作できない）には、他にもうひとつ仕事があります。農林省関連のニュース取材です。

月間予定表（ホワイト・ボード）

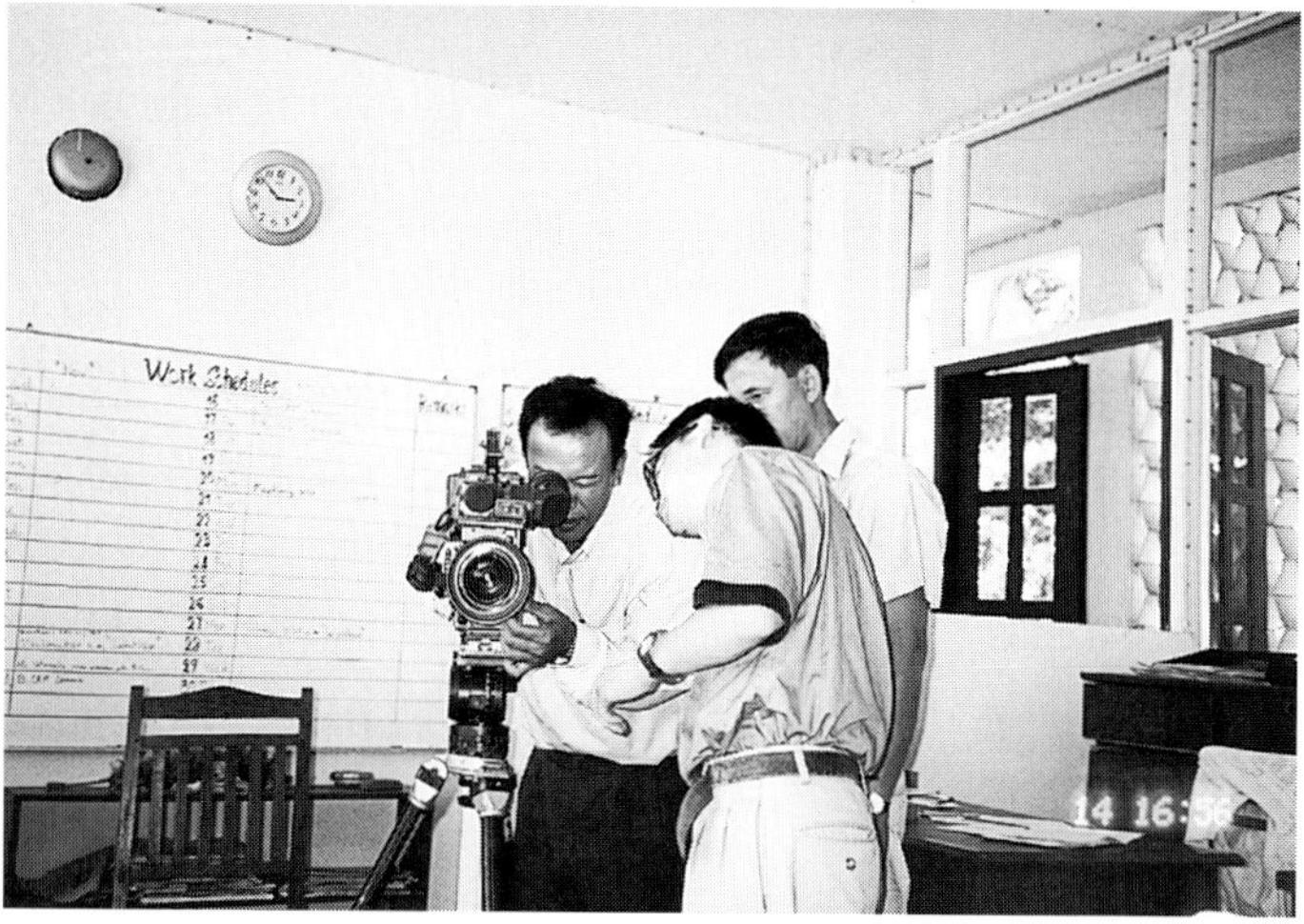

ベータ・カム・カメラの操作を習う。後ろに見えるのが「月刊予定表」

朝、ロケ（撮影）に行こうと準備をしているところに、突然本省から連絡が入ります。

「大臣の帰国報告会があるので、すぐ来てほしい」

上位機関・農業局からの電話一本で、ブンタンさんはすぐに駆けつけねばならない立場にあるのです。「大臣が出席する重要会議」、「援助国と局長との会議」、「援助国との調印式」などしょっちゅうあるのです。

「トマトの病気がひろがった」とか「稲の害虫が発生した」というのならわかります。「大臣の帰国報告会」などその日にあることが前からわかっている行事予定を、なぜ前日までに知らせてこないのか。「情報の流れの悪さ」は、この国の政府機関の「お家芸」で、もうあきらめるしかありません。この日もブンタンさんは午後になっても帰ってこれず、ロケは中止となりました。

同じことが金曜日の編集についてもよくありました。編集は、ウチには編集機器がないためラオ国営テレビに出向き、担当者に編集してもらうのです。金曜日の午前中、編集に行ったはずのブンタンさんがすごすごと帰ってきます。

「きょうは、編集できなかった」

理由は、担当者の病気、他の仕事で身体が空かない、停電などいろいろです。

月曜日の放送をどうするかといえば、ボーペンニャンです。今まで放送した番組を、再放送して済ませます。

ボーペンニャンの世界には、「月間予定表」は必要なかったのです。【R】

時間厳守

日本社会で「時間厳守」は、ごく当たり前のルールです。一方ラオス社会では、ほとんど意味をなしません。それにはそれなりの理由があるようです。

例えば、朝の出勤時間。政府機関の勤務時間は、八時～一六時です。農業普及庁の職員は、朝八時にアヌサワリー（記念塔）前の農林省に集まります。そこで、三台のピックアップ・トラックか大型バスに分乗し、一三キロメートルの道のりを出勤してきます。ちなみに、大型バスのドライバーは、ブンタンさんが兼ねています。順調に行けば八時三〇分、エンジンやガソリン切れなどのトラブルが起きれば九時すぎとなります。電車やバスといった公共輸送機関のないビエンチャンでは、仕方がないことなのです。したがって、約束の時間に間に合わない場合が多いのです。

これで困るのは、ロケ（撮影）の日です。たいていは相手がボクたちの到着を待っていてくれます。しかし、一度こんなことがありました。クルマで一時間ほど離れたところにある「養蚕研究センター」の研修を撮影することになり、九時に始まる「開講式」に間に合わせるため八時に集合をかけました。待てども、スタッフは集まりません。八時に来ようにも、その交通手段がなかったのです。結局出発したのは九時、現地到着は一〇時で、予定していた「開講式」は撮れませんでした。しかし、ボーペンニャンです。予定していた講師や研修生の紹介は、別のシーンで撮ればいいわけです。

ボクたちがつくる番組は、一五分番組です。日本（NHK）で一五分番組という場合、その長さは、一五分〇〇秒のことです。ここラオスでは、一五分前後であればいいのです。一六分でもかまいません。一度は、一二分一〇秒なんてこともありました。「えー、本当に大丈夫なの？」

ボーペンニャンです。

ロケ（撮影）先で、休憩をとるスタッフ（ビエンチャン市内）

ラオ国営テレビの番組送出は、コンピュータ制御されているわけではありません。番組と番組の切り替えは、手動で行なわれています。ボクたちの番組は、放送開始時間の六時三〇分から始まります。次に続くのは教育省制作の番組で、二つの番組合わせて三〇分に満たない時は、途中にコマーシャルやステブレ（放送局の告知）を入れ、越える場合は番組の終わりをカットして帳尻を合わせます。

そして、七時からは朝のニュースが始まります。ちなみに朝七時のニュースは、男性キャスターがその日の新聞を解説するスタイルで五〇分間続き、そのあと八時までは死亡広告です。

「郷に入らば、郷に従え」

帰国後ボクは、友人が待ち合わせの時間に遅れてきても、なんとも思わなくなりました。この二年間、時間がゆっくり流れ、時間を気にしない生活に慣れ親しんだためです。勿論今では「時間厳守」の日本社会に復帰を果たしています。【R】

技術移転（番組の作り方）

当初、農業普及庁のテレビ番組の作り方は、「インタビュー」に依存する方法でした。まずソムオンさんとブンタンさんが話し合って、例えば「レタスの作り方」といったテーマを決めると、ソムオンさんが地区の農業事務所に連絡し、取材する農家の推薦と手配を依頼します。

その後下見に行くわけでもなく、いきなり撮影日を迎えます。原則として水曜日か木曜日が撮影日で、現場に着くと、農業事務所の役人と農民の二人が待っています。撮影は、この二人のインタビューを七〜八分ずつ収録し、水やりや草取りなどの関連映像をひろって終わります。

この収録テープをラオ国営テレビに持ちこみ、担当のジャンシーさんに編集してもらい、放送するのです。編集は、映像を無視してVTRテープの音声部分のみを先に作ります。つまりブンタンさんが用意した前説（導入）のナレーションをジャンシーさんが読んで吹きこみ、次に

撮影前にブンニョンさん（左）、ブンタンさん（真ん中）と打ち合わせ

撮影したインタビューの音声部分のみを編集しながらつなぎこみ一五分にしてしまうのです。そして、インタビュー部分の話の内容に合わせて、当日撮影した映像と資料映像から関連映像を抜き出し、はめ絵か塗り絵のように放りこんでいきます。いつ、どこで撮影された映像かなどは頓着しません。しかも同じ映像が何回も出てきます。ここには、テレビ番組制作の基本「映像をして語らしめる」という考え方は微塵もありません。これは、ジャンシーさんが作るラオ国営テレビの農業番組にしても同じです。

　ではなぜ、こういう安易な方式が踏襲されているのでしょうか。理由は二つ考えられます。

　ひとつは、世界的に通用する「番組の作り方」を学ぶ機会がなかったことです。「我流」でやるしかないのです。もうひとつは、「編集室」が五室しかないことで、ボクたち農業普及庁にあてがわれている時間は金曜日の午前中三〜四時間です。この時間内に編集し、ナレーションまで入れるにはこの方法しかないのです。

普通、「テレビ番組」を作るには、次のような手順を踏みます。

①企画、②取材・下見、③ロケ（撮影）台本作成、④ロケ（撮影）、⑤編集、⑥台本（ナレーション・スクリプト）作成、⑦作成

「編集」と「作成」はラオ国営テレビのジャンシーさんにお願いできるとして、あとの業務はボクを入れてたった三人でやらなければなりません。

ブンタンさんは、ラオス語しか話せません。一方ボクのラオス語は、日常会話程度です。この「言葉の壁」を解消し、かつ「人手」を増やすため、二〇〇〇年一〇月、私費で通訳・アシスタントとしてブンニョンさん（三六歳）を頼みました。これは成功しました。彼は、スイスが援助する農業プロジェクトで八年間働いた経験もあり、二年後にはラオスで三本指に入る程のテレビ・ディレクターに成長しました。

ブンニョンさんが加わることにより、やっと本格的な活動が始まったのです。

今までの番組の作り方を見極めた上、ボクが採った技術移転の方針は、次のようなものでした。

①「企画」は農作業の時期に合わせ、実際に行なわれている「作業・活動」を採用する。
②ロケ（撮影）に行く前に必ず「下見」を行ない、「ロケ台本」を書く。
③「ロケ台本」を基に、「撮影」をすすめる。
④「インタビュー」は、必要最小限にする。
⑤「編集」は、努めて「映像」から始め、「ナレーション」はその後収録する。
⑥「放送」は、二週に一回とし、「編集」の時間を確保する。

いい機会に巡り会ったのは、二〇〇〇年一一月でした。当時ビエンチャン特別市ノンワイ農業センターで「作物栽培」の専門家として活躍されていたOさんから声がかかったのです。「一二月上旬から週一回一四週間、『雨除け野菜作り』の実地研修を開きます。取材して、放送しませんか」

一も二もなく引き受けました。「農業普及」にぴったりのテーマだったのです。撮影は研修が軌道にのる第三回と決め、その一週間前四人で「下見」をしました。

一日の研修計画は、緻密に作られていました。

①「籾殻くん炭」を作る。
②籾殻くん炭、土、堆肥を混ぜ、「床土」を作る。

撮影現場のブンニョン、ブンタン、ソムオンの各氏（左から）

③「播種箱」と「鉢（ポット）」に床土を詰める。
④「野菜種子」を播種箱にまく。
⑤播種箱で育った「苗」をポットへ移植する。
⑥ポットで育った苗を「圃場へ定植」する。

この計画のすぐれているところは、それぞれのプロセスに進むのに一週間必要で、研修生の作業が次回の研修にそのまま使える点です。番組を制作する立場から言えば、まるでNHK「きょうの料理」を作る時のように、次の段階が次々に用意されていて、一日で全行程を撮影できるのです。

下見から帰り、最初の「ロケ台本」はボクが書きました。彼らにとって「下見」は初めての体験であり、その取材にもとづき「ロケ台本」を書くなどとは、まだ想像も及ばないことだったのです。

いよいよロケ当日、研修は一時間遅れで始まりました。研修生（農民・普及員）の到着が遅れたためめです。しかし、ここはラオス。一時間位の遅れは気にしません。研修も撮影も順調に進み、午後三時にはすべての日程が終了しました。

　翌日ブンタンさんは、ロケ台本をもとに精一杯のナレーション・スクリプトを仕上げ、撮影済みのテープとともに「編集」をラオ国営テレビのジャンシーさんの手に委ねました。

　結果は、目を見張るものでした。従来の「インタビューに依存した番組作り」から「映像・ナレーション中心の番組作り」へと脱皮したのです。そして内容も、彼らが金科玉条のごとく抱えている「教科書」（いつもここからネタをひろい、ナレーションを孫引きしていた）から脱却し、「雨除け野菜作り」という具体的な話題に変化したのです。

　しかし、この方針が定着するまでに、その後丸々一年かかりました。何がむずかしいかというと、それは「ロケ台本」作成です。

　普通、ドキュメンタリー番組は、「シーン」の積み重ね・組み合わせで作られます。一五分サイズの番組ですと、六〜七「シーン」必要です。テレビディレクターは、「企画」を立て、「下見」で現場に立った時、いくつ「シーン」ができるかをたちどころに判断しなければなりません。

　例えば、成功している「レタス農家」に行ったとします。その「成功の秘密は何だろう」という視点で現場を見ます。「種は、どう播いている。播種箱を使っているか、直播きか」、「苗はどう育てている。育苗鉢を使っているか」、「肥料はどうだ。堆肥は作っているか」、「土壌改良は試みているか」、「水やりの頻度はどうか」、「草取りはちゃんとしているか」などなどです。そして、これらのシーンをどう組み合わせたら一番わかりやすく「視聴者」（農民）に伝わるかを考えながら「ロケ台本」を書きます。

こう書いてしまえば簡単そうですが、実際はなかなか難しいのです。もともと彼らには、「映像で現実を語らせる」とか「シーンを作る」といった考え方がなかったのです。「教科書」に書いてある文言に映像をつければ、それが「テレビ番組」だと考えていたのです。

この考え方（技術）を移転、体得させるには、どうすればいいか。それは、「経験の蓄積」しかありません。「ローマは、一日にして成らず」です。

その後一年間のO・J・T（実地訓練）は、実に根気のいる仕事でした。そして、ある時から彼ら自身で「ロケ台本」が書けるようになったのです。そのきっかけは、皮肉なことにボクの休暇一時帰国（二〇〇一年一〇月二三日～一二月一〇日）で、その間彼らは自分たちで「ロケ台本」を書き、番組を作らざるをえなかったのです。

ボクの任期中に作った番組は、「雨除け野菜作り」、「レタスの作り方」、「蚕の飼育法と桑の栽培法」など三六本でした。【R】

ラオ国営テレビの「若き獅子たち」

ボクが「ラオ国営テレビの若き獅子たち」と名づけた面々と初めて顔を合わせたのは、二〇〇〇年一二月一五日のことでした。「生まれ変わった病院～新セタティラート病院～」という番組をウチのスタッフと共同制作することになり、その打ち合わせのためラオ国営テレビを訪れたのです。制作部長・ブンラップ（四一歳）さん、ディレクター・ブンカット（三五歳）さん、カメラマン・ウエンサマイ（二八歳）さん、音声・照明・ブンロン（三三歳）さんの四人（いずれも男性）です。

ラオ国営テレビは、九三年日本政府の無償資金協力で、放送局の建物と放送機材の一部が導入され、本格的にスタートしました。職員数は、二〇〇名余。情報文化省の一部門として教育、教養、情報、ニュース番組を中心に、三つのチャンネルで、一日にのべ二五時間の放送を実施しているラオスで唯一のテレビ局です。

会議は、ボクが書いた「ロケ台本」を、ボクがまるで講義をするように、一方的に説明して終わりました。質問は、ありません。三ヵ月に及ぶ撮影と、三〇分番組という長さに、戸惑いを覚えていたのかもしれません。ただし、ラオス語に翻訳された「ロケ台本」を見ながら、ボクの説明を熱心に聴く時の彼らの「目つき」に期待が持てました。ボクは、すべての制作過程

「若き獅子たち」（右列手前ブンカットさん、1人おいてブンラップさん）

に参加する見通しが立てられなかったのとラオ国営テレビの立場に配慮して、監修者（スーパーバイザー）にしてもらいました。

この仕事は、一一月上旬、ラオ国営テレビのW専門家（機材保守・管理）とセタティラート病院改善プロジェクトのO調整員からの依頼で始まりました。二〇〇一年二月に開院が予定されている「新病院」のビエンチャン市民向けプロモーション番組の制作です。

当初、この仕事を引き受けるかどうか悩みました。テレビ番組を作るには、ディレクターが不可欠であり、その仕事量の多さ、大変さをほとんどの人は理解できません。多くの人にとってテレビ番組は、茶の間でビールでも飲みながら見るべきものであって、作る側の大変さは想像しないのです。

結局は、引き受けました。「ラオ国営テレビとウチのスタッフが一緒に番組作りの仕事をすることにより、それがたくまずしてユニバーサル・スタンダードに該当する実地訓練となり、ラオス・テレビ界のレベル・アップにつながる」と考えたからです。

タート・ルアン近くにあるセタティラート病院は、五六年フィリピンとアメリカの援助で開設された総合病院です。施設と機器の老朽化がすすむ中、九九年一〇月、ＪＩＣＡから「セタティラート病院改善プロジェクト」チームが派遣され、約五キロメートル離れたドンコイ地区に新病院の建設が予定されていたのです。

この病院は、ビエンチャン特別市内の三つの総合病院のうち、高い死亡率を招く子どもの急性疾患を重点的に扱う病院と位置付けられています。そこで、番組では産婦人科と母子保健分野を中心に取材し、内科医、看護師、薬剤師など八人いるＪＩＣＡ専門家のうち、産婦人科医のＭ先生とオーストラリア留学の経験のあるケオケトン先生（ともに女性）の活動を通してストーリーを運ぶことにしました。

撮影は、ラオ国営テレビでの打ち合わせから三日後、旧病院の産婦人科診療室から始めました。Ｍ先生とケオケトン先生が、患者さんの子宮の高さを測り、胎児の心臓の音を聴こうとするシーン（場面）です。

思っていた通りでした。カメラマンは、三脚を使おうとしません。その上、ズームを多用するのです。幸い彼らは「指示待ち人間」で、カメラとロケ用モニターをつなぎ、いちいち「これでいいか」ときいてきます。「こうした方がいいんじゃないかな」と言いながら基本から始めます。

「まず、三脚を付けて下さい。画面が安定し、構図も決めやすいでしょ。そして、ロングから撮り始めましょう。全体の状況がよくわかるでしょ」

「うんうん、なるほど」

「次に、アングルを変え、M先生のアップに寄って下さい。M先生の表情から、患者さんの容態がわかるでしょう」

「うんうん」

「次は、M先生が扱っている器具です。ここで、テレビを見ている人も、M先生がどんな診療をしているかがわかります。このように、一シーンは三カットで組み立てるのが基本です。ロング、アップ、インサートです。あとは応用です。この場合は、次にケオケトン先生のアップを撮って下さい。ケオケトン先生のM先生の診療への反応がわかります」

「なるほど、なるほど」

カメラマンのウエンサマイさんは、カンのいい男でした。「こうしたほうが、いいんじゃないか」と一度言えば、次々に自分のものにしていきました。勿論、英語の達者なブンカットさんやボクのアシスタント・ブンニョンさんの通訳つきです。

その後、産婦人科入院室、産婦人科スタッフと母子保健分野スタッフとの勉強会など撮影は続きました。撮影を重ねるにしたがい、ロケ・スタッフの間に信頼関係が生まれてきます。世界に共通する同業種間の絆です。

この日、ボクがスタッフの尊敬のまなざしを集めたのは、夜、病院の建物の外景を撮る最後のシーンでした。

ボクは、カメラマンたちの間で「マジック・アワー」と呼ばれている時間帯があることを知っていました。日没後、二〇分位した後の一〇分間位です。その時間帯に建物を撮ると、暗闇の中に建物の輪郭がはっきりと映り、しかも建物の中で点けた灯もきれいに撮れるのです。「なんで早く撮らないの」とイライラして待っているスタッフに、「マジック・アワー」の説明をしました。

「なるほど、なるほど」

その上このカットは、旧病院の象徴ともいえる白いナイチンゲール像を右端におく構図でした。ここには、カメラ脇から一キロワットの照明を当てていました。ちょっと強すぎるので、照明のブンロンさんに頼みました。

「顔に当たっている光を、バンドアー（調整板）で切ってみてください」

すると、漏れの光で顔に陰影が生まれ、表情が出たのです。モニターには、理想的な映像が映りました。スタッフが叫びました。

「おう、オールド・ソルジャー（老兵）！　なかなかやるじゃないか」

ボクも、言い返しました。

「ヤング・ライオンズ（若き獅子たち）よ！　撮影は『絵づくり』が大切なんだ。よく憶えておいてね」

この日をきっかけに、ボクは「オールド・ソルジャー」と呼ばれるようになり、彼らを「ヤング・ライオンズ」と呼ぶようになりました。

年が明けてからも、一月には事務所の引っ越し、M先生の帰国、二月に入り開院準備、新病院開院式典、オープンした新病院と撮影は続きました。

ラオ国営テレビのロケ・スタッフは、最精鋭を揃えたに違いありません。初日こそ、細かくモニターで確認しながら指示を出していたものの、ロケ台本をきちんと理解してくれるようになり、最後にはすべてを任せられるようになりました。面白くなってきたのです。普段の、あらかじめ書かれたナレーション・スクリプトに合わせて撮影するのとは違い、映像を優先させてシーンを組み立てて行く方法は、そこに独自の工夫や創造力が入りこむ余地があります。「映像をして語らしめる」は、テレビ番組制作の基本コンセプトであり、創造力が発揮できることにこそ番組作りの面白さがあるのです。

のべ八日間の撮影が終わり、次は「編集」で、ここからがテレビ番組作りの「胸つき八丁」です。編集には、のべ六日間もかかりました。編集室（五室しかない）が空くのを待つ「待ち時間」が多かったのと、編集マン・ラッサウオン（三三歳）さんの不馴れが主な理由です。無理もありません。いつもは、すでにナレーション・スクリプトが音声チャンネルに収録されているテープに、映像をつけてゆくだけの編集に馴らされている彼にとって、今回のような「まず映像を先に組み立てて編集する」やり方は、たぶん初めてだったに違いありません。カメラマンが撮影した映像を独自の視点からとらえ、皆をもアッと言わせる映像の組み立てを提案するのが編集マンの腕なのです。

最後に三八分三二秒になりました。本当は、これが「荒編」と呼ばれる段階です。このあと余分な要素をそぎ落とし、三〇分サイズに再編集すべきなのですが、映像の劣化と放送日までの日数が確保できないことをおそれ、四〇分サイズでよしとしました。

次は、「台本」です。これは、ボクが書きました。あらかじめ編集された映像の長さ（尺と言います）に従って、的確なわかりやすい言葉でナレーション・スクリプトを書いていく、孤独な作業です。

日本語で書いた「台本」をラオス語に翻訳してもらい、最後の「音入れ」に二日間かけました。初日は、「ナレーション入れ」です。一〇年の経験を持つ女性アナウンサー・プートンさんは優秀でした。初めにちょっとつまずいたのは、日本語をラオス語に翻訳するとラオス語の方が一・二倍位長くなってしまうことです。したがって、日本語で読めば「尺」に入る長さでも、ラオス語だとあふれてしまうのです。そこを彼女は、読みの速さを変えるなどして巧みに救ってくれました。

二日目は、「スーパー・インポーズと音楽入れ」。ディレクターのブンカットさんが、なんなく仕上げてくれました。彼は、CG（コンピュータ・グラフィックス）操作から音声、映像調整までできるスーパー・ディレクターなのです。

この番組は、二〇〇一年三月二三日から一週間、朝、夜、二回ずつ計一四回放送されました。この番組制作を通して、当初の目標であったラオ国営テレビとウチのスタッフのレベル・アップにつながったかどうか、それは疑問です。しかし、ひとつの「刺激」にはなったと思います。「ちょっと老いた日本人の退役テレビ・ディレクター（老兵）がやってきて、彼の指示通りにやってみたら、手間はかかるがいい番組ができた。今度いつかやってみるか」といったところでしょう。

「放送」は、「施設・装置産業」と言われます。その施設・装置たるや、精密機材や電子機器が中心なので、莫大な費用がかかります。絶望的な施設・機材不足に悩むラオ国営テレビのスタッフに、ユニバーサル・スタンダードの番組作りを望むことはどだい無理な相談です。今後ラオス政府が「放送」の重要性を認識し予算をつぎ込んだとしても、施設・機材の充実までにはあと二〇年はかかるでしょう。一方、番組作りも「経験の蓄積」がものを言います。一本ずつ作りつづけ、その経験が「ノウハウの蓄積」を生むのです。ここにも「王道」はないのです。限られた制作条件の中で、番組を作り続けていくしか道はないのです。

「若き獅子たち」と呼びかけながら、打ち上げの席でボクはそんな話をしました。【R】

第8章

さらばビエンチャン

我が家の年末年始

ラオスの正月は、三回あります。西暦で祝う正月（国際正月）と中国正月（春節）、そしてラオ正月（四月のピーマイ・ラオ）です。西暦の国際正月はそっけなく、休日は年末にはなく、一月一日だけです。

二〇〇〇年の年末は実に慌ただしく過ごしました。三一日、カミさんは暮れに遊びに来ていたムスメと孫（南帆）をバンコクへ送りに行き、ボクはバンコクから遊びに来る友人を迎えに夕イのウドンタニ空港へ行ったのです。したがって、二一世紀を迎える二〇〇一年の元旦をムスメと孫は飛行機の中、カミさんはバンコクのホテル、ボクはビエンチャンの我が家と一家バラバラに迎えたわけです。

二〇〇一年の大晦日、カミさんは朝から「おせち」の準備にかかりました。毎年暮れの二八日頃から黒豆を煮始め、おせち料理の準備にかかるのがカミさんの習慣なのですが、ここビエンチャンには思うような食材がありません。この日も佐古商店で切り餅や紅白のかまぼこ、まかりを買い求め、トンカンカム市場で野菜やうずらの卵などを買って終わりです。

夕方カミさんは、「一夜飾りは、本当はよくないんだけれど」と言いながら、正月の餅飾りを作りました。黒い盆にキッチン・ペーパーを敷き、その上に小さな丸餅を重ね、間に庭の笹の葉を飾り、上にマナオ（日本のすだちに似ている）を乗せた簡単な餅飾りです。まずノイさんが関心を示しました。スーカンさんも続きます。

「これは何ですか」

カミさんは盆ごと庭へ持ち出し、ウンさんとウイさんをも招き、説明を始めます。そこへちょうど通りかかったお隣のラッキーさんも加わります。

「日本では正月に、大小二個の丸い餅を重ね神仏に供えます。『鏡餅』と言います。大きな餅がないので、小さな餅で作ってみました」

「餅は、どうやって作るの」とラッキーさん。

「皆さんが毎日食べているカオニャオ（蒸したもち米）を搗《つ》いて作ります」

「わあ、おいしくなさそう」

ラオス人はカオニャオを主食としながら餅を食べる習慣がありません。後日、「餅つきパーティー」をした際、試しに食べてもらいましたが、口では「おいしい」と言いながら、今一つ馴染まない表情でした。

そこに、お向かいのティアさんが現れました。

「今夜七時半頃から、年越しパーティーをやります。是非お出かけください」

それからカミさんは、大変でした。大急ぎでご飯を炊き、「ままかり寿し」と「おいなりさん」

カナダから一時帰国したブンソンさん（左、ティアさん宅で）

を作ったのです。

その日ティアさん宅の庭で開かれたパーティーは、静かなパーティーでした。気温が二〇度前後とラオスにしては寒く、皆ジャンパーを着こみ、毛布を膝にかけています。

いつものご近所の皆さんの中に、見知らぬ人が目につきました。眉をそり落とし、野球帽の下はどうやら丸坊主です。ブンソンさん（四七歳）は、カナダから一時帰国し、一週間僧侶になり出てきたところだったのです。ブンソンさんの家族は、内戦後カナダに渡り、現在はモントリオールで自動車修理工場を経営し成功しています。

内戦終了後、現革命政権を嫌い海外に渡ったラオス人は、当時の人口の約一割に当たる三〇万人と言われます。その後二五年余り経って、先祖供養をも兼ね親戚のもとに一時的に帰郷するラオス人が多いと聞いていました。ブンソンさんには大学生の息子さんが二人います。二人の息子さんは「ラオスへ行く気など全くない」と淋しげに言っていました。

二〇〇二年元旦、二人だけの正月は、紅白のかまぼこ、ままかりの酢漬け、高菜の漬物、菜の花のごま和えが乗った大皿とお雑煮だけで正月を祝いました。お雑煮の具は、紅白のかまぼこ、椎茸、菜の花、うずらのたまご、タロイモ（里芋の代わり）と切り餅です。

朝食後は、ワット・チョンペットへ初詣です。いつものように住職のお経と聖水で祝福を受け、家族の健康を祈りました。ボクたちの他にお参りに来ている人は見当たりません。その足で、タドゥア通りを渡り、メコン川を見に行きました。いつものようにワット・チョムチェーンのタコブの木の下で、日差しを避けながらメコン川の流れに目を凝らしました。

午後は、タート・ルアンへの初詣でです。ここでもいつものように花と線香、蠟燭を供え、家族の健康を祈りました。静かな元旦でした。

二日朝、カミさんに「日本人は、誰も働いていないわよ」と言われながらも、いつものように職場に出勤しました。【R】

上司のミリンダさん(右)とラッキーさん（ラッキーさん宅で）

秘書になったラッキーさん

お隣のラッキーさんは、下の男の子が幼稚園に入ったのをきっかけにお勤めに出はじめました。英語ができる彼女はスウェーデンのコンサルティング会社から派遣されたミリンダさんの秘書になったのです。

彼女は子供たちを小学校と幼稚園に送り出したあと、ショルダーバックを肩に掛けバイクに乗ってさっそうと出勤して行きます。お昼ご飯にラッキーさんが帰ることができない日は、二人の子どもたちは、おばさんが経営するお惣菜屋さんで昼食を済ませます。近くに親戚がいるからこそ小さい子供がいても働くことができるのです。

ある日の夕方、ラッキーさんが我が家を訪ねてきました。「この次の土曜日の夜、空いていますか」

と言うのです。四日前から予定を聞いてくるなんて初めてです。いつも当日の朝、「今晩うちで宴会をやるから来て下さい」と言ってくるのです。早い時でも前日です。

「別に予定はないけれど、どうしたの?」と聞きました。

ラッキーさんは困った表情で「私のボスのミリンダさんが来るの。英語が話せる人は私しかいないし、それと主人の会社に以前いたWさんもちょうど日本から来ていて、その日に家に来ることになっているの。日本人の口に合うお料理は作れないし、どうしようかと思っているの」と言います。

日頃何かとお世話になっているラッキーさんの一大事です。「英語はうちのお父さんに任せて、お料理は私が作るわ」と二つ返事で引き受ました。

当日、夜七時からのパーティーだというので三〇分前にお料理を持っていきました。冷凍枝豆を茹で、おでんとお稲荷さんを大量に作ったのです。

行ってみて驚きました。七時から始まるはずが、もうすでにミリンダさんもWさんも来ているのです。ラオスでは、七時から始まりますと言われれば、七時半に行くのが当たり前です。主賓はそれより更に三〇分は遅れて行くのが礼儀なのです。

ラオスの習慣に慣れていない主賓お二人は、準備の整っていない居間のソファーに所在なさげに座っています。お料理を届けてまた出直そうと思っていた私たちは、ラッキーさんに大歓迎されました。結局、私たちはそのままラッキーさんの家に居座ることになってしまったのです。

思った通り、パーティーは七時四〇分頃から始まりました。ラッキーさんは、鶏の唐揚げとマカロニサラダ、ヨーカーオという生春巻、カレーなど精一杯の洋風料理を作りました。フランスパンも添えられています。それと私が持ってきた日本料理が並び、結構立派なディナーになりました。

立食形式の食事が終わると、いつものようにラッキーさんの弟さんのキーボードが持ち出され、歌と踊りの宴会です。ラオス人はラオス民謡、日本人は相変わらず「上を向いて歩こう」と「昴」です。弟さんがキーボードで弾ける日本の曲はこの二つしかないからです。

ミリンダさんは、遠くを見るような眼差しでビートルズ・ナンバーを何曲も歌います。何を思って歌っているのでしょうか。ラオスに来たばかりの頃の自分の姿と重ね合わせて考えてしまいました。【A】

食堂を出したティアさん

このところチョンペット村の平日は静かです。昼間、ティアさんの賑やかな声が聞こえないからです。

ティアさんは昨年九月に末っ子のティップ君が小学校に入学したのを機に働くようになったのです。チョンペット村から一三キロ先の友好橋に食堂を出したのです。ソムタム屋のメリーちゃんのお母さんとの共同経営です。チョンペット村のソムタム屋はメリーちゃんのお母さんとその妹で営業していたのですが、お母さんは妹にソムタム屋を任せて、ティアさんと組んで食堂を開店したのです。

お店を開いてからのティアさん一家の生活は大きく変わりました。早朝六時すぎには、高校生になった長男ポーン君がスワンモン市場から、前日ティアさんが注文しておいた野菜や鶏肉などをバイクで持ち帰ります。高校を卒業してコンピュータ専門学校に行き始めたお嬢さんのケオさんが、朝食の準備をはじめ家事いっさいをしています。

ティアさんはタドゥア通りまで下ごしらえをした野菜や肉を長男に持たせ、トゥクトゥクをつかまえて友好橋まで行きます。家にひき返したポーン君は、すぐに末っ子のティップ君をバイクの後ろに乗せて小学校まで送ります。彼はその後歩いて二分のシーサタナー高校へ登校し

友好橋に開いた食堂のティアさん(左)

ます。

お姉ちゃんのケオさんはすべての家事を終えると、薄緑色のシンに着替えてコンピュータ専門学校に出かけます。

お昼に学校から帰ったポーン君とティップ君は、お姉ちゃんの用意しておいたご飯を二人で食べます。そして再び学校に行きます。

夕方、いたずら盛りのティップ君は、近所の子供たちと棒切れを振り回して村中を走り回っています。時には木から落とした椰子の実を追いかけて洋服のまま池に飛び込みます。それを見ていた女の子たちは、ティップ君の家に言い付けに走ります。するとお姉ちゃんのケオさんが現れて「子供だけで池に入っちゃ駄目でしょう。それにその服は誰が洗うと思っているの」と強く叱ります。

ガキ大将のティップ君もお姉ちゃんにはかない

ません。女の子の前だということも忘れ、大声で泣きながら家に連れていかれます。ケオさんは、ティアさんより厳しい母親代わりです。

ティアさんの食堂は、友好橋の大きな駐車場の脇にあります。ニッパヤシの屋根の簡単な作りのお店ですが、いつのぞいても満員です。これまで友好橋には三軒しか食堂がなかったのですが、駐車場の一角を食べ物屋さんが出せるように整備し、ティアさんはその一区画を借りることに成功したのです。

小さいお店が一〇軒くらい並んでいる中でも、彼女の店は流行っています。料理の腕も良いけれど、彼女の気さくな性格が人気の秘密のようです。

いつも元気なティアさんですが、さすが急激な環境変化についていけず、一ヵ月目に過労で入院点滴騒ぎをおこしました。その後、彼女もペースをつかんだようで、夕方五時半過ぎになるとお店から帰ったティアさんの元気な声が村に響きわたるようになりました。【A】

我が家のピーマイ・ラオ

四月はラオスで一番暑い季節です。火炎樹の燃えるような赤と、房になって咲くドーク・クーン（ゴールデン・シャワー、タイの国花）の眩しい黄色が暑さを増幅させています。

我が家は日光が直接差し込まないように、すべての窓に遮光ガラスが入っています。そのうえ屋根が大きく、窓から二メートルくらい先まで軒があります。部屋の中は薄暗くひんやりしてもいいはずですが、この時期室内の温度計は三九度をさします。いったい外は何度あるのでしょうか。

この一番暑い時期がピーマイ・ラオとよばれるラオスのお正月です。お正月には祈禱師を招き「新しい年の幸せ」を祈る「バーシー」を行ないます。バーシーは新年だけでなく、結婚式、誕生、旅立ちなど人生の門出の時に行なわれます。私たちはラオスに住んでから、数えきれない程のバーシーに参加してきました。しかし今年はいつもと違います。はじめて我が家でバーシーを行なうことになったのです。

三月のある日、スーカンさんが、「皆を代表してお話があります」と神妙な顔つきでやってきました。「今年の新年のバーシーは、この家でやったらどうですか」と言います。

「やってもいいけど、どんな準備をするのか全然わからないよ」と夫が言います。

スーカンさんは「準備は私たち五人で全部やります。ご近所の皆さんも手伝ってくれることになっています。費用はウンさんと、ジョイさん、ノイさん、ウイさんと私で一〇ドルずつ出し合うことに決めました」と話はもうすっかり出来あがっていたのです。

夫は「ありがとう、バーシーの準備段階を見てみたいと思っていたんだよ。だけど飲み物代と祈禱師へのお礼はぼくたちに出させてほしい」と言いました。

その日から、夕方仕事が終わったノイさんは、ティアさんの家に上がり込んで何やら相談をしている様子です。あとの人たちも、夕方五時全員が集まる時間帯に門番小屋の前の椅子に腰掛けて打ち合わせをしています。みんなとてもウキウキと楽しそうです。

四月七日、いよいよ我が家で開催するはじめてのバーシーの日です。朝七時、庭でニワトリの鳴き声がします。庭に出てみると足を紐で結かれた鶏がバタバタと暴れています。すでに出勤してきていたノイさんは、「バーシーの時お供えする鶏は、市場で買ってきては駄目なの」と言います。どうもどこかの家の庭にいたのをもらってきたようです。

まず初めの仕事は、鶏の首をしめて熱湯に浸けてから羽を毟ることです。この仕事は、ノイさんの婚約者の役目です。

そうこうするうちに、ご近所の女性たちが手伝いに集まりだしました。ラッキーさんと義理の妹さんは、牛肉のラープ作りのかかりです。ラープは、牛肉、鶏肉、魚などで作る「挽肉のサラダ」です。

鶏肉のラープは、ラオス料理の中でも特に私のお気に入りの料理です。これだけはノイさんからしっかり教えてもらい、自己流のレシピまで作った一品です。予算の関係からか、今日のラープは鶏肉より安い牛肉ですが、これもたいへん美味しいものです。

ティアさんは、いつものようにお得意のカオプン作りを若い女性たちに指導しています。スーカンさんの五年生の長女は、七輪に火をおこして肉を焼いています。

お向かいのティップ君は、どこからか儀式用にドーク・クーンの花を両手一杯取ってきました。ウンさんジョイさんたち男性陣は、儀式用に居間の模様替えをしています。大人も子供も大忙しです。

私はどこに顔を出しても、「マダムは、やらなくてもいいから」と追い出され、ただ人々の間をウロウロするだけです。

そして一〇時半、すべての用意がととのい、夫と私はラオス式の正装をして、パー・クワンとよばれるバーシー飾りの前に座りました。パー・クワンは、托鉢に使う銀の鉢に米を入れ、それに花やバナナの葉を細く切った竹ぐしにつなげて差していきます。

最後に白い糸を二〇センチ位の長さに切り、竹ぐしに結びつけたものを差します。今日のパー・クワンは、ウンさんの奥さんが中心になり朝から我が家で作ったものです。飾りの花はお向かいのティップ君の取ってきたドーク・クーンや我が家の裏庭に一年中咲いている赤い花です。

パー・クワンのまわりには、朝まで生きていた鶏が丸ごと茹でられて供えられています。その他、ゆで卵、お菓子、お酒なども置かれています。

いよいよ祈禱師のお祈りの始まりです。この日の祈禱師はウンさんの村から来ました。私たちは村の世話役の女性から指導を受け、パー・クワンに結び付けられた白い糸の先を握り、合掌します。

この頃になると、居間には五〇人以上の人が集まっていました。お祈りの合間に参加者たちがタイミングよく歓声をあげます。年配の女性が、鉢の中の米をつかみ参加者に振りまきます。そして祈禱師が白い糸を巻き付けた竹を取り、呪文を唱えながら夫の手首に糸を巻き付けます。続いて私、その次はパー・クワンを直接取り巻いている人たちに糸を巻いていきます。

次に祈禱師は茹でた鶏の首の骨を取り出し、占いを始めます。「この夫妻は、またきっとラオスに戻ってくる」というお告げがあったそうで、参加者一同歓声をあげました。それから次々に皆さんから「いつまでも、お元気で」とか「日本に帰っても私たちのことを忘れないで」という言葉と共に糸を巻いてもらいます。もちろん私たちも、「いつも親切にして下さってありが

二次会に入る前に撮った記念写真

とう」という言葉と共に皆さんの手に糸を巻いていきます。

糸を巻いてもらう人の手のひらにはお酒の入ったコップと鶏肉、卵などがのせられ、糸を巻き終わったら食べなければなりません。

両腕に包帯かとみまちがうばかりに白い糸が巻かれたあとは、宴会に突入です。朝から用意された食べ物がずらりと並べられました。料理にも私たちへの気遣いが見られます。ラオス人には好物の生の牛肉を使ったラープが出されていますが、日本人用には唐辛子控えめ、火を通した牛肉のラープが用意されていたのです。

食事が終わって、祈禱師を送り出し、村の主だった皆さんがお帰りになったあと、二次会が始まりました。今日の裏方たちだけの内輪のパーティーです。我が家の五人組とその家族、お向かいの家族とお隣の家族ですが、それでも子供を含めて二五名以上の大宴会です。

お隣からキーボードと巨大スピーカーが持ち込まれました。演奏はラッキーさんの弟さん、歌姫はラッキーさんとティアさんのお嬢さんのケオさんです。

ティアさんは歌が苦手だとか。で、もっぱらラオスの伝統舞踊のラーンボーンを踊ります。それもビール壜とコップを手に踊りながら皆にお酒をすすめる豪快さです。普段控えめなウンさんの奥さんもティアさんに声をかけられ、踊りの輪に入ります。

ノイさんが踊りの輪に水をかけはじめました。それまで庭の隅で水鉄砲を使って密かにやっていた子供たちも、晴れて水かけの解禁とばかりホースを持ち出し本格的に始めました。ラオスのお正月は、本来「水かけ祭り」なのです。

儀式も終わり、堅苦しいお客さまもお帰りになって、やっと思い切り水をかけ合うことができるようになり、みんな大騒ぎです。結局お開きになったのは、夕方六時でした。全員びしょ濡れです。お酒を飲みすぎたスーカンさんは、奥さんと子供たちに見捨てられ、「酔いが醒めたら、一人で帰ってくるでしょう」と門番小屋においていかれました。その日皆で飲んだのは、日本酒一升、ウイスキー二本、ビール六ケース、ペプシ一〇〇本でした。

ラープ・ガイ（鶏挽肉のサラダ）のつくりかた

【材料】

鶏、カオ・クワ（煎った米の粉）、バナナの花、マナオ（すだち）、ミントの葉、ネギ（浅葱のようなもの）、赤玉葱、唐辛子（好みに応じて）、塩、ナムプラー

【下ごしらえ】

①米をフライパンで茶色になるまで煎る。煎った米を擂り鉢に入れたたいて粉状にする。これをカオ・クワという。

②バナナの花を薄切りにして、マナオ（すだち）を搾った水にさらす。

③皮付きの鶏一羽を細かく切る。レバー、砂肝も同様に細かく切る。

④ミントの葉、ネギ（浅葱のようなもの）、ホーム・デーンとよばれる小さい赤玉葱を細かく切っておく。

⑤マナオを四つ切りにする。

【作り方】

①フライパンに油を少々入れ、③の鶏肉を入れ炒める。塩少々で味付けをする。

②炒めた鶏肉をボールに入れる。

③肉が熱いうちに、バナナの花、赤玉葱、唐辛子を入れ、混ぜる。
④煎った米粉（カオ・クワ）を小さじ三杯入れて、混ぜる。
⑤ナンプラー（魚醬）大さじ一くらいを入れ、混ぜる。
⑥マナオの絞り汁、大さじ一杯弱を入れ、混ぜる。
⑦ミントの葉を入れ混ぜ合わせる。

【A】

お別れバーシー

帰国を一〇日後に控えた六月二日（日）、二年間お世話になった我が家の助っ人の皆さんやご近所の皆さんへ感謝の気持ちを伝えようと「お別れバーシー」を開きました。ワット・チョンペットから住職をはじめ七人の僧侶を招く本格的なバーシーです。

準備は一週間前から始めました。職場のアシスタント・ブンニョンさんに頼んでラオス語の招待状を作り、ご近所に配りました。

住職の祝福を受ける参列者

次は、食事の手配です。今回は佐古商店に頼んでケータリング（仕出し）にしました。当日の準備が大変だからです。しかし、ノイさんやティアさん、ラッキーさんが反対します。「仕出しは、値段が高い」というのです。

結局、折衷案を採りました。七面鳥のラープ、つみれのスープ、腸詰め、蒸し魚、きのこの和え物（五〇人分、一〇〇万キープ、約一〇〇ドル）を仕出しで取り、カオプン（ティアさんの得意料理）、カオニャオ、おでん、枝豆、果物、寒天ココナツを女性陣が用意することになりました。

残る問題は、どういうルートでお寺に話を持っていくかです。たぶん、村のしきたりがあるはずです。

すぐにわかりました。アイスクリーム屋のおばあちゃんが、檀家婦人部長だったのです。ボクたちは、ノイさん、スーカンさんに付き添われ、頼みに行きました。アイスクリーム屋のおばあちゃんは、悪い気はしないらしく、二つ返事で引きうけてくれました。

　前日の朝、ノイさんとジョイさんは、リビング・ルームの大掃除を始めます。ソファーやテーブルを移動し、会場を作るためです。午後には、アイスクリーム屋のおじいちゃんが、僧侶用の食膳、食器をお寺から運び込んでくれました。お向かいのティアさんは、僧侶用の座布団とござやじゅうたんを貸してくれます。本当にありがたいことでした。

　当日の朝七時前、ノイさんが来ました。カオニャオを蒸す支度を済ませると、お隣のラッキーさんとバーシー飾りを作り始めます。スーカンさんとジョイさんの奥さんがそれぞれ二人の娘さんを連れて到着します。ウンさんの奥さんも娘さんとやってきます。お向かいのティアさんは、カオプンのスープが入った大鍋を抱えてきます。ボクたちは、ただウロウロするばかりです。この日のバーシーが、どういう流れで行なわれるのかわかっていないので、あとは皆さんにお任せするしかないのです。

　九時を過ぎると、男性陣が続々到着します。大家さん、アイスクリーム屋のおじいちゃん、お向かいのご主人、中には見知らぬ人もいます。きっと村の長老なのでしょう。そのうちに、ティアさんのおばさんが自家用車で到着しました。なんでもレンタル・ハウスをいくつも持っているお金持ちなのだそうです。結局、この方が最年長らしく、バーシーをすべて取り仕切りました。バーシー飾りや食事のチェック、僧侶の接待などです。アイスクリーム屋のおばあちゃんがちょっと不満げでしたが、勿論指示に従います。ラオス社会では、なんといっても目上の人が敬われるのです。

一〇時前に七人の僧侶が到着し、式は一気に始まりました。ボクたちは、ラオス式に正装し、バーシー飾りをはさみ、僧侶たちの正面に座ります。蠟燭に火を点し、読経が延々と続きます。足がしびれてきて困りました。読経が終わると、顔なじみの副住職が立ち上がり、お経を唱えながら米をまきます。最後に住職が立ちあがり、参列者の間を回ってバナナの葉で聖水をふりかけ式は終わります。

面白いことに、ボクたちが僧侶にお金を寄進し、用意した食事が出されると、僧侶たちが食事をしている傍らで普段のバーシーの儀式が始まったのです。ボクが見知らぬ人と思っていた方が、村の長老で祈禱師だったのです。改めて、ボクがバーシー飾りの蠟燭に火を点し、儀式が始まりました。あとは、いつもの通りです。最後に、鶏の首の骨で占い、白い聖糸を結び合って終わります。その間僧侶たちは、黙々と食事を続けています。どうやら仏教の儀式とラオス古来の祖霊信仰の儀式が別々に行なわれたようです。

一一時三〇分、食事を終えた僧侶たちは帰っていきました。ボクたちは、二年間お世話になった気持ちを込めて、「コープチャイ・ライライ（大変ありがとうございました）」と言って送りました。

　僧侶たちを送って会場に帰ってみると、僧侶たちの席はすでにきれいに片付けられていました。あとは、食事と宴会です。この日は、子どもがたくさん来ていました。ノイさんやスーカンさんの娘をはじめ一五人前後はいたでしょう。ラオスの宴会でいつも感心するのは、子どもを酒の席に同席させないことです。子どもたちは、ベランダで食事をしていました。面倒を見ているのは、ティアさんの娘さんやソイの入り口の美人姉妹の妹さんたち、若いお嬢さんたちです。

　その後片付けが終わった順に、皆さんお帰りになりました。ボクたちは、そのたびに「コープチャイ・ライライ」と言って送りました。全部の片付けが終わり、ノイさんが帰ったのは一六時三〇分でした。

　皆さん、「コープチャイ・ライライ」【R】

引っ越し

海外で生活するにあたり頭を悩ませることのひとつに引っ越しがあります。特にラオスの通

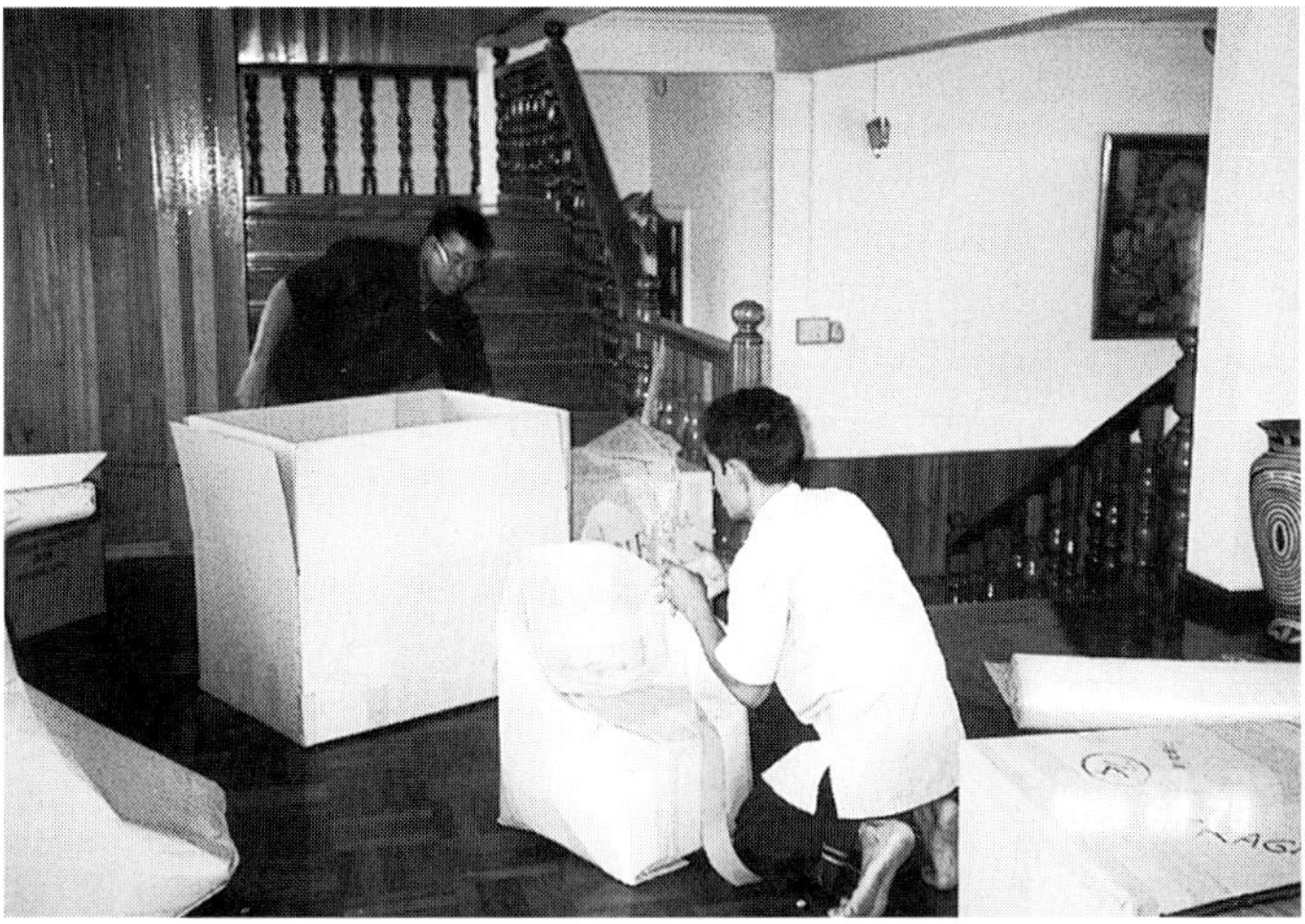

荷物の梱包は、約2時間で終わった

関は実に面倒と事前に聞いていていました。

ビエンチャンへの赴任に際しては、幸運でした。ビエンチャンに代理店を持つ輸送代理店T社を東京で見つけることができたからです。衣料品を中心に大型ダンボール八個、二八七キログラムすべてを航空便で送りました。三二万円余りかかりました。

ビエンチャンへ赴任直後、JICA事務所で分厚い通関書類を渡されました。三〇〇〇ドル余りの請求額が記された書類です。「何かの手違いにちがいない。ここは、社会主義国だ。厄介なことになったなあ」と内心思いながら現地代理店T社に足を運びました。杞憂でした。

「もう到着しています。日にちと場所を教えてくだされば、いつでも配達できます。心配なら倉庫で確認してください」

倉庫には、日本から送った荷物が八個着いていました。

「この書類は、何なのでしょう」と見せると、「必要ありません。捨ててください」

こうして日本からの引っ越し荷物は、無事受け取ることができたのです。

問題は、帰りです。来た時にうまく行ったので、帰りもT社から日本のT社へと逆のルートで送ることにしました。今度はすべて船便です。一ヵ月前に下見をして、見積もりを出してもらいました。航空便は重さで計りますが、船便は容量（体積）です。一立方メートル当たり九〇ドルで三・五立方メートル、その他を含めて横浜まで七四五ドルです。

ビエンチャンでの二年間の生活で、荷物は増えていました。持って帰る物とそうでない物との仕分けが大変です。まず二二〇ボルト対応の電化製品（炊飯器、電気ポット、トースター、CDラジカセなど）は、持って帰れません。食器類も重くて無理でしょう。結局大ざっぱに仕分けして、引っ越しの日を迎えました。

六月七日九時、T社のスタッフ六人が到着しました。彼らが用意してきたダンボールを見て不安になりました。ボール紙が薄くペラペラで、組み立てても腰が弱いのです。おまけにガムテープも接着面に水を付けて貼る代物です。どうやらラオス産のダンボールとガムテープです。工業力の弱さがこんなところに現れるのです。

彼らは、あらかじめ仕分けしてあった荷物を五人が別々に目につくところからどんどん梱包していきます。「小さいものから先に」とか「この山は面倒そうだから二人がかりで」といった計画性を全然感じさせないやり方です。「木を見て、森を見ない」ラオス人気質の現れでしょう。しかし、仕事は丁寧でよく働きます。一人が、パッキングリストを作る係です。一一時三〇分には、計量も終わり運び出しました。その結果、六立方メートル、三七個の荷物となり、費用は九七〇ドル（保険が別に三七ドル）でした。

一ヵ月半後に日本の我が家についた荷物は、ボクの不安が的中したものでした。ダンボールが破れて、細かな砂が入っている荷物が多かったのです。引っ越し費用の合計は、日本での運送料が一四万円と高く、合計二六万円でした。【R】

空港で

六月一一日、二年間にわたったラオスの生活も終わり、帰国の日です。

六月に入ってからの一〇日間は、数々のお別れパーティー、引っ越しに関わる雑用などで私たち夫婦は大忙しでした。のんびりした気風のラオスでは、一日一つの仕事ができれば上出来なのに、午前、午後、夜と動き回っていたので体力も限界です。でも今日は最後の日というので朝五時には起床、家の中を最後の荷物の点検をしてまわりました。

実はこの家は、六月七日までの賃貸契約でした。私たちは七日に引っ越し荷物を出し、出発までの五日間ホテル住まいをしようと考えていましたが、大家さんのブンペーンさんの好意でラオスを発つ日まで住むことができたのです。したがって、生活に必要最低限の荷物は残しておきました。寝具ひと組、フライパン、ヤカン、お鍋、食器など、ラオスで買い揃えた物は最後の日まで使って、あとはご近所の人たちに処分をお願いしたのです。

七時前には我が家の五人組とティアさんとラッキーさんが、私たちが最後まで使っていた品物の運び出しを始めました。広い家の中に点在していた荷物は意外に多かったのですが、屑籠から冷蔵庫の中身まで人海作戦でアッという間に運びだされました。

八時半、いよいよ二年間住んだチョンペット村とお別れです。村の人々が我が家の門の前に集まってくれ盛大な見送りを受けました。前日の夕方、ご近所の家を訪ね、涙ながらのお別れは終わっていたし、飛行機の時間も迫っていたせいで慌ただしく、今日のお別れはまるで一時帰国の時のようにあっさりしたものでした。

空港で車を買ってくれた人に引き渡す約束のランドクルーザーに乗ってタドゥア通りを走ります。もうこの道を野菜や魚を積んで走ることもないのだと思うと、帰国なのだという実感がわいてきました。

2年間、親しくしていただいた皆さんが見送りに来てくれた（ワッタイ空港）

空港に着いてチェックインカウンターで荷物を預け、ロビーに出て驚きました。さっきお別れしたはずのご近所の人たちが花束やプレゼントを抱え、ニコニコ笑っているではありませんか。

ティアさんは友好橋に開いた食堂を休み、ラッキーさんは仕事先に午前中の休暇願いを出して来てくれたのです。夫の職場の人たちやラオ国営テレビのスタッフたちも仕事場に遅れて行くからいいと言っています。小さな子供たちまでいます。大家さんの奥さんは「今朝は早かったから、途中でお腹がすくと困るでしょ」とまだ温かい出来たてのカオラーム（もち米を竹の筒に詰めて蒸かしたもの）を一〇本持たせてくれました。「もっと早く渡したかったんだけど、なかなか出来あがらなくて」と特別注文のもち米を入れる籠を渡してくれたのはノイさんです。

絹のパービアンを首に巻いてくれる人もいます。その他、大小さまざまな包みが私の手に渡されます。事前にプレゼントをくれた人々は花束を渡してくれます。ラオスに来た時リュックと大きな手提げカバンを持ち、ヨタヨタと飛行機を降りた経験から、帰国の時はハンドバックひとつでさっそうと飛行機に乗ろうと思っていたのは夢に終わりました。でも旅立つ人へのプレゼントを持たずに見送りに来ることができないラオス人の奥ゆかしさと優しさを感じ、「ラオスで暮らせた幸せ」に胸が熱くなりました。

私たち夫婦は、抱えきれない荷物とラオスの人々の優しさをお土産にもらい、飛行機に乗ったのです。【A】

【参考文献】

『エクスプレス　ラオス語』鈴木玲子／ポーンケオ・チャンタマリー、白水社、一九九九年
『すぐにつかえる日本語―ラオス語辞典』小此木国満、国際語学社、一九九六年
『地球の歩き方　ラオス』『地球の歩き方』編集室、ダイヤモンド社、二〇〇一年
『東南アジアの遺跡を歩く』高杉等、めこん、二〇〇一年
『東南アジアの伝統と発展』石澤良昭・生田滋、中央公論社、一九九八年
『東南アジアを知る事典』石井米雄他監修、平凡社、一九九四年
『母なるメコン、その豊かさを蝕む開発』リスベス・スルイター、メコン・ウォッチ／日本国際ボランティアセンター他訳、めこん、一九九九年
『仏の里・ラオス』太田亨、東方出版社、一九九九年
『南ラオス山河紀行――神秘なる自然と伝説の旅』曹洞宗国際ボランティア会（SVA）、二〇〇〇年
『メコン』石井米雄・横山良一、めこん、一九九五年
『メコンに死す』ピリヤ・パナースワン、桜田育夫訳、めこん、一九八七年
『もっと知りたいラオス』綾部恒雄・石井米雄編、弘文堂、一九九八年
『ラオス　いとしき国――私が出会った女性たち』前田初江、段々社、二〇〇二年
『ラオス概説』ラオス文化研究所編、めこん、二〇〇三年
『ラオスの開発と国際協力』西澤信善・古川久継・木内行雄編、めこん、二〇〇三年
『ラオス・ガイドブック』日本ラオス協会、二〇〇〇年
『ラオスの民話』根岸範子・前田初江、黒潮社、一九九四年
『ラオス古都紀行――世界遺産の町、ルアンパバーンに生きる人びと』曹洞宗国際ボランティア会(SVA)、一九九九年
『ラオス――インドシナ緩衝国家の肖像』青山利勝、中公新書、一九九五年

あとがき

私たちは、二〇〇〇年六月から二〇〇二年六月までの二年間、ラオスの首都ビエンチャンで暮らしました。JICA（国際協力事業団、現・国際協力機構）シニア海外ボランティアとしてラオス農林省に配属され、農業普及テレビ番組の指導をするのが仕事でした。

帰国してすぐ、東京・神田にある「アジア文庫」に足を運びました。「アジア文庫」は、一九八四年に開業したアジア関連のさまざまな書籍を扱う書店です。「ラオス」と表示された書架は、相変わらずたった一列、一〇タイトルもありませんでした。二年前、ラオスへ出発する前に見た時とほとんど変わっていません。

一方、隣の「タイ」の書架には、まさにあふれんばかりの書籍が数列にわたって並べられているのです。日本人にとってラオスは、タイに比べ、それほど関心も魅力もない国なのでしょうか。確かにラオスには、見るべき観光地もありません。食べ歩きや買い物の楽しみもありません。タイに比べ、物価も安いとは言えません。

しかしそこには、日本人がどこかに置き忘れてきてしまった人情あふれる素朴な生活とゆったり流れる時間があるのです。いわば「スローライフ」の世界です。

いま日本では、「スローフード」、「スローライフ」という生き方が、脚光を浴びつつあります。「スローフード」は、一九八〇年代のイタリアの地方都市から始まった運動で、「ファーストフード」を排し、土から採れる食物を、時間をかけて調理し、ゆっくり食べ、本来の食生活を取り戻そうという生き方です。この運動は、日本でも広まりつつあるようです。それは、地域で生産し、地域で消費することを意味する「地産地消」という言葉が生まれたことからも伺えます。この考え方を発展させた「スローライフ」は、日本でいえば高度経済成長後の大量生産・大量消費、それを支えた効率とスピードに偏った価値観への反省から生まれた生き方かと思われます。

動物は、本来「必要な分」しか食べません。一方人間は、「もっと多く」と望み、その結果「環境破壊」、「人間性の喪失」などの問題を生み出しました。「スローライフ」とは、「多くを望まない」もうひとつの生き方なのです。ラオス人が、スローライフを意識しているわけではありません。それを当たり前のこととして実践しているのがラオスの人たちなのです。

日本人にとって、ラオスは遠い国です。そこで、縁あって暮らしたラオスを少しでも日本人に知ってもらおうと、二年間にわたる見聞を書き記しました。

ラオスへの理解と共感を覚えていただければ幸いです。

出版にあたっては、アジア関係専門の出版社「めこん」とかねがね願っていただけに、その機会を与えてくださった桑原晨さんに心から感謝します。

二〇〇四年二月

菊地良一・晶子

菊地良一　きくちりょういち

一九三九年東京生まれ。東京大学文学部卒業後、一九六三〜九六年NHKに勤務し、教養・教育番組のディレクター、プロデューサーとして多くの番組を手がける。九三〜九五年、JICA専門家としてタイ国営テレビ・チャンネル11で番組制作指導にあたる。九六〜九九年、放送大学学園勤務。二〇〇〇〜〇二年、ラオスでJICAシニア海外ボランティアとして農業普及番組の制作指導にあたった。

菊地晶子　きくちあきこ

一九四四年東京生まれ。一九六六年日本女子経済短期大学卒業後、結婚。一人娘は九一年に結婚。その後、夫とともにバンコクとビエンチャンでそれぞれ二年間の生活を送る。

夫婦で暮らしたラオス——スローライフの二年間

初版第1刷発行　2004年2月25日
定価　1500円＋税
著者　菊地良一・菊地晶子
装丁　渡辺恭子
発行者　桑原晨
発行　株式会社めこん
〒113－0033 東京都文京区本郷3－7－1
電話 03－3815－1688　FAX03－3815－1810
ホームページ http://www.mekong-publishing.com
印刷　平河工業社
製本　三水舎

ISBN4-8396-0171-2 C0030 ¥1500E
0030－0404169－8347

ラオス概説
ラオス文化研究所編
定価5400円＋税

日本で初めての総合的なラオス概説書。北部ラオス・中部ラオス・南部ラオスの紹介・歴史・政治・民族・宗教・文化・言語・経済・農業・森林資源・マスメディア・運輸通信・水力発電など、ラオスのすべてがわかる本です。

ラオスの開発と国際協力
西澤信善・古川久継・木内行雄編
定価4500円＋税

ラオスで開発協力に尽力した専門家たちがそれぞれの専門分野の現況と問題点をまとめた労作。貧困対策・財政金融・運輸通信・外交投資・教育制度・保険医療・産業開発・観光資源・電力・環境問題・森林保全・南南協力など。

道は、ひらける——タイ研究の五〇年
石井米雄
定価1200円＋税

大学中退、留学経験なし、外務省ノンキャリ…という異色の経歴。それなのに、京都大学東南アジアセンター所長・教授を経て、神田外語大学学長、文化功労賞顕彰。なぜ？一五カ国語に堪能な碩学の痛快無比な自伝。